Dorothee Fleischmann | Carolina Kalvelage

111 Orte in Rostock, die man gesehen haben muss

111

emons:

Wir danken allen, die uns beim Buch unterstützt haben. Besonders aber Maria Pistor, die uns nicht nur beherbergt hat, sondern mit vielen Tipps und Ratschlägen zur Seite stand.

Bibliografische Information der Deutschen Nationalbibliothek
Die Deutsche Nationalbibliothek verzeichnet diese Publikation in der Deutschen Nationalbibliografie; detaillierte bibliografische Daten sind im Internet über http://dnb.d-nb.de abrufbar.

MIX
Papier aus verantwortungsvollen Quellen
FSC® C043106
FSC
www.fsc.org

Layout: Eva Kraskes, nach einem Konzept
von Lübbeke | Naumann | Thoben
Kartografie: altancicek.design, www.altancicek.de
Kartenbasisinformationen aus Openstreetmap,
© OpenStreetMap-Mitwirkende, ODbL
Druck und Bindung: Grafisches Centrum Cuno, Calbe
Printed in Germany 2021
ISBN 978-3-7408-1076-4
Originalausgabe

Vorwort

Rostock ist im Kommen und eigentlich schon lange da! Die alte Hansestadt an der Warnow überrascht Besucher mit spürbarer Energie. Rostock ist historisch interessant, jung und innovativ zugleich. Die Menschen hier sind offen und immer zu einem Schnack bereit. Die Nähe zum Wasser sorgt für angenehme Gelassenheit. Rostocks Architektur ist nicht aus einem Guss, reizt aber gerade durch bunte Vielfalt. Sakrale Bauten treffen auf eine monumentale Magistrale aus dem Sozialismus, altehrwürdige Backsteingebäude auf Betonschalenbauten. Außerdem ist da natürlich noch die »Platte« mit ihren Windmühlenhäusern oder Wohnschlangen, es gibt viele Grünanlagen und das Meer ist gleich um die Ecke.

Geschichte und Geschichten, die wunderbare Lage an der Ostsee und immer eine Brise, tolle Freizeitmöglichkeiten, viele Studenten und eine rege Kneipenszene prägen die Stadt. Dazu interessante Persönlichkeiten, Rostocker Kennewarden, große Schiffe und frische Fische. Ob Container-Bar, Knallerballerweg oder Pornobrunnen, Teepott oder der Mann mit der goldenen Nase – in Rostock gibt es jede Menge zu entdecken. Alltag und Urlaub, Heimweh und Fernweh gehen ineinander über.

»Ehrlich zu jedem und herrlich dagegen«, schwärmt Rapper Marteria, aufgewachsen in Groß Klein, in einem Lied über seine Heimatstadt. Rostock ist nicht so leicht in eine Schublade zu stecken. 2018 wurde die Stadt 800 Jahr alt, und es wurde groß gefeiert. Jährlich findet die Hanse-Sail, das große Volksfest mit vielen Traditionsseglern, statt und sorgt für unzählige Gäste. Außerdem sind da noch die Kreuzfahrtschiffe der AIDA. In der Kröpeliner-Tor-Vorstadt steht die Kreativität im Vordergrund. Und in Warnemünde, dort, wo die Warnow ins Meer mündet, liegt der breiteste Sandstrand der deutschen Ostseeküste. So mancher, den es in die Stadt im Norden verschlug, möchte gar nicht wieder weg.

111 Orte

05116910
NATERMANN

1 Das Alpinum

Von der Ostsee bis ins Hochgebirge

An sonnigen Tagen ist es hier beinahe wie im Gebirge, auch wenn die Berge im Alpinum ein wenig kleiner ausfallen. Aber die Pflanzen und der felsige Untergrund sorgen für alpines Gefühl, der blaue Himmel und das Licht bringen die Farben zum Leuchten. Schon seit den 30er Jahren gibt es das Alpinum im Botanischen Garten. Präsentiert werden Pflanzen, die auf kalkigem Untergrund oder auf harten Silikatgesteinen gedeihen. Die Gebirgspflanzen werden von der Rostocker Uni kultiviert. Sie wachsen hier allerdings vor allem wegen der vergleichsweise gemäßigten Tag-Nacht-Temperaturen weniger gedrungen als in ihrer ursprünglichen Umgebung. Auch wenn die Pflanzen es vielleicht manchmal vermissen, unter einer Schneedecke zu liegen, haben sie sich längst an diese ganz andere Umgebung gewöhnt.

Möglichst echt sollte die Anlage sein, das war ihrem Initiator Hermann von Guttenberg wichtig. Er selbst stammte aus Österreich, was sicherlich mit zu seiner Idee beigetragen hatte. Auf vielen Reisen in die Alpen sammelte er Wildpflanzen, die den jungen Garten bestückten. Originales Alpengestein wurde eigens mit Eisenbahnwaggons angeliefert.

Von Guttenberg wurde 1923 an die Universität von Rostock berufen. Seinen Bemühungen ist es auch zu verdanken, dass der Botanische Garten auf ein größeres Areal verlegt wurde. Insgesamt rund 100 Kleingärten mussten dem Vorhaben seinerzeit weichen. Das Alpinum mit seiner Größe von 0,5 Hektar hat eine zentrale Bedeutung. Am Eingang der Anlage erinnert eine Büste an Hermann von Guttenberg. Geschaffen wurde sie von seiner Frau, die Bildhauerin war.

Ein Spaziergang durch den artenreichen Botanischen Garten hält das ganze Jahr über für jeden Pflanzenfreund Sehenswertes bereit. Bei gutem Wetter sollte man sich eine Decke mitbringen. Dann kann man den Tag gemütlich auf einer der Wiesen oder unter einem Baum verbringen.

Adresse Hamburger Straße 28, 18069 Rostock, Tel. 0381/4986250, www.garten.uni-rostock.de | Anfahrt über Doberaner Straße, an deren Ende links auf Lübecker Straße bis Hamburger Straße, am besten links in Hans-Sachs-Allee oder Tschaikowskistraße parken | Öffnungszeiten Di–Fr 7–19 Uhr, Sa, So 9–19 Uhr | Tipp Im Frühsommer blüht nahe dem Reetdachhaus ein wunderschöner Schneeglöckchenbaum.

2 Die alte Schule

Bildung im Wandel der Zeiten

Wer wissen möchte, wie es in einer Schule vor 100 Jahren zuging, der sollte nach Göldenitz fahren: ein winziger, beinahe kreisrunder See, davor ein Platz mit Pflastersteinen und das alte Schulgebäude mit seiner schönen grünen Tür. Man kann sich gut vorstellen, wie es früher hier gewesen sein mag, wenn die Schüler morgens durch diesen Eingang gingen. Pünktlich, versteht sich!

Göldenitz hat heute ungefähr 250 Einwohner. In der Schule wird schon lange nicht mehr unterrichtet. Bereits seit 1976 befindet sich in ihren Räumen ein Landschulmuseum. Dort sind Besucher dazu eingeladen, sich einen Eindruck vom Lernen in früheren Zeiten zu verschaffen.

Im alten Klassenzimmer hängen Anschauungskarten, ein großer Rechenschieber steht nahe dem Lehrerpult. Wie in kleinen Ortschaften meist üblich, spielte sich der Unterricht für verschiedene Jahrgänge in einer einzigen Klasse ab. Viele Schulklassen aus der Region fahren hierher, um eine historische Unterrichtsstunde mit einem strengen Lehrer zu erleben. Auch Erwachsene kommen gern zum »Nachsitzen« nach Göldenitz. Hautnah ist hier zu erfahren, wie Bildung im Wandel der Epochen – auch während der beiden Diktaturen – vermittelt wurde und welche Regeln jeweils herrschten. Dazu werden außerdem zahlreiche Workshops und Projekte angeboten.

In weiteren Räumen kann man sich eine Lehrerwohnung anschauen, mit guter Stube und Kinderzimmer. Auf einem alten Schreibtisch liegt ein Buch mit Lesebrille darauf. Es scheint, als sei der Lehrer nur kurz zur Tür hinausgegangen. Vielleicht hat er sich auch zum Seiteneingang begeben, um nach der Pause die große Schulglocke zu läuten? Die Schulkinder mögen sich währenddessen im angrenzenden Garten aufgehalten haben. Der wird auch heute noch für Veranstaltungen genutzt. Dann wird im Backhaus Brot gebacken, oder es wird gezeigt, mit welchen Mühen das Wäschewaschen früher verbunden war.

Adresse Am See 7, 18196 Göldenitz, Tel. 038208/264, E-Mail: info@landschulmuseum.de | Anfahrt über Neubrandenburger Straße auf die L 39, nach circa 12 Kilometern links nach Pankelow, dann wieder rechts auf die Straße Unter den Linden bis Göldenitz | Öffnungszeiten Mi, Do und Sa 10–18 Uhr, Di und Fr 10–16 Uhr | Tipp In Göldenitz befindet sich außerdem ein Miniaturpark. Im miniland-MV gibt es zahlreiche bedeutende Bauwerke Mecklenburg-Vorpommerns in Klein zu sehen (Schlager Straße 13, Tel. 038208/82690, www.miniland-mv.de).

3 Die Apfelallee

Wenn Bäume sprechen könnten …

Die Straße führt nach Stubbendorf, einem winzigen Ort, der in einer Grundmoränenlandschaft nahe der Recknitz liegt. Dort sind die Gutshäuser Ehmkendorf und Stubbendorf sehenswert. Drumherum viel Natur. Zwischen Stubbendorf und Ehmkendorf verläuft eine landschaftlich wunderschöne Strecke. Einen Abschnitt bildet eine herrliche Apfelbaumallee. Im Frühjahr leuchten die weißen, zartrosa schimmernden Blüten. Wenn der Wind weht, fliegen sie wie Frühlingsschnee über die Felder.

Ungefähr einen Kilometer östlich von Stubbendorf steht auch Deutschlands ältester Wildapfelbaum. Manche vermuten, es sei gar der älteste Holzapfel – eine weitere Bezeichnung für den Baum – in ganz Europa. Auf einer Tafel ist zu lesen, dass sein Alter auf 400 bis 500 Jahre geschätzt wird. Laut Experten ist das schwer zu bestimmen, weil sein Stamm mit den Jahren immer hohler wird.

2007 ist er durch einen Sturm in vier Teile auseinandergebrochen. Einzelne Äste trugen anschließend dennoch ihre volle Blüte. Offenbar konnten sie erneut Wurzeln schlagen – ein kleines Wunder der Natur und ihrer Fähigkeit zur Regeneration. Die Früchte des Wildapfels sind eher klein und kugelförmig, ihr Geschmack ist herb und säuerlich. Nur noch 5.500 Exemplare dieser Art stehen in ganz Deutschland. 2013 war der Wildapfelbaum der »Baum des Jahres«.

»Unseren« Baum kann man heute staunend umrunden und über seine dicken Äste klettern. Ein Zuhause für unzählige Insekten und Pilze bildet er noch immer. Wie viele Stürme, Unwetter und Abenteuer könnte er aus seinem langen Leben wohl bezeugen? Möchte man sich länger in dieser Landschaft aufhalten, ist das auf sehr angenehme Weise im Gutshaus Ehmkendorf möglich. Allerdings werden hier nur Gruppen und Teilnehmer von Retreats, Kochkursen und verschiedenen Seminaren beherbergt. Wer es zünftig mag, kann unter einer großen Esche im Garten sein Zelt aufschlagen.

Adresse 18195 Stubbendorf, Ortsteil Ehmkendorf | Anfahrt über die B 110 bis Sanitz, weiter über die L 19 in Richtung Dettmannsdorf, dort kurz vorher rechts auf die L 18 nach Stubbendorf abbiegen | Tipp Im nahe gelegenen Landschaftsschutzgebiet »Maibachtal« lassen sich einige schöne Wanderungen unternehmen.

4 Das Artquarium

Kunst angeln

Was zuerst wie ein Geschäft, das Kunstgegenstände anbietet, aussieht, entpuppt sich schließlich als Produzentengalerie. Dahinter verbirgt sich ein in größeren Städten mittlerweile verbreitetes Konzept, das es Künstlern erleichtern soll, Objekte auszustellen und damit diese und sich selbst bekannter zu machen. Die Kosten für den Ausstellungsraum werden geteilt und machen die eigene Mitwirkung erschwinglich. Die Produzentengalerie in Rostock gibt es schon eine ganze Weile. Der Standort im Barnstorfer Weg ist auch nicht der erste. In der Kröpeliner-Tor-Vorstadt ist sie bereits seit 2012 ansässig.

Auf circa 50 Quadratmetern stellen verschiedene Künstler aus. Neben einer Gruppe von 13 Kreativen, die die Galerie betreiben, sind auch immer wieder wechselnde Künstler zu Gast. Es gibt Holzarbeiten, Fotografie, Porzellan oder die sogenannten Minimottos von Kristina Schürmann zu sehen. Wen wundert's, dass viele der Gegenstände in engem Bezug zum Wasser stehen? Sebastian Volgmann, vielen Rostockern durch seine Graffiti unter dem Namen »Schrill« bekannt, stellt hier seine sogenannten Winterarbeiten aus. Das sind Stücke, die entstehen, wenn es draußen einfach zu garstig zum Sprayen ist. Anna Silberstein entwirft und fertigt zarte Objekte, die ebenfalls viel mit dem Meer zu tun haben: feine Medusen, die im Kunststoff schweben, oder auch winzige Menschenfiguren, die auf einem Ring oder einem Kettenanhänger Platz finden.

Anna Silberstein ist eine der treibenden Kräfte in der Galerie. Aber seinen Beitrag hat hier jeder zu leisten. Beim Dienst im Laden wechseln sich die Artquarianer ab. Ansonsten arbeiten die meisten für sich allein in den Werkstätten und produzieren das, was anschließend im Ausstellungsraum zu sehen ist. Ein Besuch im Artquarium ist anregend. Und vielleicht entdeckt man unter all der Handwerkskunst etwas, das man einem anderen oder sich selbst schenken möchte.

Adresse Barnstorfer Weg 36, 18057 Rostock, www.artquarium-rostock.de | **ÖPNV** mit der Straßenbahn 6 von der Station Steintor IHK bis Doberaner Platz, von dort in Barnstorfer Weg | **Öffnungszeiten** Di–Fr 11–18 Uhr, Sa 11–14 Uhr, Mo geschlossen | **Tipp** Vor der Galerie befindet sich ein sogenannter Kunstautomat. Dort besteht die Möglichkeit, auch außerhalb der Öffnungszeiten schöne Gegenstände zu fischen.

5 Der Ausflugsdampfer

Leinen los am Neuen Strom

Warnemünde ohne einen Ausflug auf dem Boot? Für die meisten Besucher unvorstellbar. Gleich eine ganze Armada von Unternehmen bietet verschiedene Touren an. Der Heckraddampfer, den Reinhard Kammel betreibt, ist in der Rostocker Gegend allerdings einmalig. Gemächlich geht es auf der »Schnatermann« zum gleichnamigen Ausflugslokal in der Rostocker Heide. Die Fahrt beginnt in Warnemünde am Alten Strom, führt vorbei an den Werften und dem Jachthafen Hohe Düne in den Breitling. Man passiert den Anleger der großen Kreuzfahrtschiffe, und die kleine Insel Pagenwerder ist unterwegs ebenfalls auszumachen.

Während der Fahrt erzählt der Kapitän interessante Geschichten. Zum Beispiel die vom Schiffbrüchigen, der sich einst auf den heutzutage meist unsichtbaren Schnatermann-Stein gesetzt haben soll. Der große Naturstein ist nur noch mit Glück bei Niedrigwasser zu sehen. Aus Holz kann man ihn am Bootsverleih Markgrafenheide bewundern.

Nach einer knappen Stunde Schippern über die Wellen ist das Ziel erreicht. Von der Anlegestelle aus sind es nur wenige Meter zum traditionsreichen Gasthof, der von einem weitläufigen Biergarten umgeben ist. Man kann die Gegend aber auch einfach zu Fuß erkunden oder sich gleich an den kleinen Strand begeben, um Luft und Sonne zu genießen. Hat man ausreichend Natur getankt, geht es auf dem schönen Schiff wieder zurück nach Warnemünde.

Den Heckraddampfer hat Reiner Kammel nach seinen eigenen Vorstellungen bauen lassen. Nach der Saison verschwindet er wieder in der Werft. Dort bekommt er jedes Jahr einen Unterwasseranstrich. Auch die Bugstrahlruder, Propeller, die mit ihrem Antrieb für das beweglichere Manövrieren beim Wenden sorgen, werden dann überholt. So ein Schiff zu unterhalten ist aufwendig und kostet eine ganze Menge Geld. Aber damit haben die Gäste an Bord nichts zu tun. Sie sitzen in der Sonne und genießen die Aussicht.

Adresse Am Strom, Liegeplatz 12, 18119 Warnemünde, Tel. 0381/7686552 oder Tel. 0170/3420225 | **Anfahrt** der B 103 bis Warnemünder Bahnhof folgen, Parkmöglichkeiten auf der Mittelmole | **Öffnungszeiten** April–Okt. dreimal täglich, Infos unter www.heiderundfahrt.de | **Tipp** Nahe der Schiffsanlegestelle befindet sich eine Station von »Segeln ohne Barrieren«. Dort können Menschen mit Handicap einen sogenannten Combi-Trimaran, bei dem es lediglich auf die Oberkörpermobilität ankommt, ausleihen (www.segeln-ohne-barrieren.de).

6 Der Bauernmarkt

Für hungrige Sammler

Ein früher, verregneter Samstagmorgen, noch stehen nur wenige Pkws auf dem Parkplatz vor dem großen Backsteingebäude mit den grün-weißen Türen. Beim Eintreten spürt man gleich: Das ist ein Ort für Sammler. Und unter denen gibt es gewöhnlich eine ganze Reihe von Käuzen. Sammler sind äußerst geübt darin, unter unzähligen Gegenständen, die keinesfalls jedermanns Geschmack entsprechen, ausgerechnet denjenigen anzubieten, der das eigene Herz höherschlagen lässt. Im Broderstorfer Bauernmarkt ist der Raum angefüllt mit so vielen unterschiedlichen Gegenständen, dass man sich zum Stöbern einfach Zeit nehmen muss.

Hermann Lüke macht Haushaltsauflösungen und Entrümpelungen in der Region, sucht selbst auf Märkten nach ausgefallenen Utensilien und stellt sie dann in seinem Markt aus. Fast alles, was hier steht, kann man kaufen. Schränke, Geschirr, Sammlertassen, antike und weniger antike Dekorationsgegenstände – da kommt so allerlei zusammen. Handwerksgegenstände vom Bauernhof wie alte Wagenräder gehen besonders gut.

Hinter der langen Theke steht Christine Becke. Viele Besucher kommen, um einen Kaffee zu trinken und zu frühstücken. Später werden Mittagessen und Kaffee und Kuchen serviert. Das Sofa oder der Stuhl, auf dem man beim Verzehr sitzt, kann auch erworben werden. Und die Lampe, die über einem baumelt, höchstwahrscheinlich ebenfalls. So verändert sich das Aussehen des Marktes ständig.

Am Tresen gibt es darüber hinaus Wurstwaren aus der Region, frische Eier vom Hof und Käse. Außerdem viele verschiedene Produkte aus Sanddorn wie Marmelade, Likör oder Saft, Honig vom Imker, selbst gebackenen Kuchen und Kekse, alles auch zum Mitnehmen. Viele Stammkunden kommen, um sich mit frischen Produkten aus der Gegend zu versorgen. Touristen staunen über das Sammelsurium an Gegenständen. Und irgendetwas kauft man immer.

Adresse Rostocker Chaussee 27, 18184 Broderstorf, Tel. 038204/72888 | Anfahrt über die B 110 in Richtung Sanitz, Broderstorf auf halber Strecke, Markt direkt an der Bundesstraße | Öffnungszeiten Mi–Fr 9–18 Uhr, Sa, So, Feiertage 8–18 Uhr | Tipp Ein schöner Rundwanderweg verläuft durch das Naturschutzgebiet Kösterbecker Tal. Über Ikendorf gelangt man in die Kösterbecker Straße, in Richtung Fresendorf befindet sich rechter Hand der Parkplatz, an dem der Weg startet.

7 Die Bibliothek

Im Haus der Familie Ratschow

Ein besonders prächtiges Beispiel für Rostocks Backsteinarchitektur ist das Haus Ratschow in der Kröpeliner Straße. Auffällig ist die zweifarbige Klinkerfassade, die oberhalb der Fenster mit einer Art Zierleiste mit Tieren und Rosetten abgeschlossen wird. Das spätgotische Gebäude mit Treppengiebeln, Spitzbogenblenden, Reliefs und Medaillons gehört zu den ältesten Bürgerhäusern der Stadt und wurde im 15. Jahrhundert erbaut. Darin befindet sich seit vielen Jahren die Stadtbibliothek. Und genau diese hat eine überraschende Besonderheit aufzuweisen: Am Aufgang in die erste Etage hängen Porträts der früheren Bewohner Clara und Ernst Ratschow. Sie betrieben in dem Gebäude ein Leinen-, Betten- und Wäschehaus. Der Maler Egon Tschirch, einer der Mitbegründer der Vereinigung Rostocker Künstler und zudem ein bedeutender Künstler Mecklenburgs, schuf die Bilder in den Jahren 1937 und 1938. In der Stadtbibliothek sind sie frei zugänglich.

Es gibt nur wenige Informationen über dieses außergewöhnliche Haus. Fest steht, dass es nach seinem letzten Eigentümer benannt ist. Neueste Recherchen ergaben, dass schon vor der Familie Ratschow immer wieder Kaufleute in dem stattlichen Haus wohnten, obwohl man lange davon ausging, dass hier der Pfarrer des einstigen Heiligen-Geist-Hospitals gelebt hatte.

Das Gebäude überstand viele Jahrhunderte und den Zweiten Weltkrieg unbeschadet. Erst im Mai 1945 setzten es Plünderer in Brand, und es wurde größtenteils zerstört. Der Sohn des Kaufmanns, Hans Ratschow, der das Geschäft von seinen Eltern übernommen hatte, kümmerte sich um die Renovierung des Hauses, musste jedoch aufgrund der politischen Entwicklungen aus der DDR fliehen, sodass seit 1961 die Räume von der Rostocker Stadtbibliothek genutzt werden. Die Familie Ratschow verzichtete schließlich auf ihre Restitutionsansprüche. Zum Dank dafür erhielt das Giebelhaus 1994 den Namen »Haus Ratschow«.

Adresse Stadtbibliothek, Kröpeliner Straße 82, 18055 Rostock | **Anfahrt** auf der Langen Straße oder im dortigen City-Parkhaus parken und zu Fuß durch die Faule Grube in die Kröpeliner Straße, dort rechts halten | **Öffnungszeiten** Mo, Di, Do, Fr 10–18 Uhr, Mi 12–18 Uhr, Sa 10–14 Uhr | **Tipp** Zwei weitere prachtvolle Backsteinhäuser sind das Hausbaumhaus (Wokrenterstraße 40) und das Kerkhoff-Haus direkt hinter dem Rathaus, in dem sich heute das Standesamt befindet.

8 Die Blaudruck-Werkstatt

Zu Besuch bei Familie Haase

Reinhard Haase ist ein Original. Und er verbreitet Freude. Das will er auch, denn seiner Meinung nach ist die Freude neben der Nächstenliebe das Wichtigste im Leben. Und er liebt seine Blaudruckerei. Sie ist heute die letzte Werkstatt dieser Art in ganz Mecklenburg-Vorpommern. In Deutschland gibt es insgesamt noch zwölf Blaudruckereien, oft Familienunternehmen, die bereits seit Generationen bestehen.

Bereits seit 1976 arbeiten Christine und Reinhard Haase hier an der Petrikirche. Zwei kleine Hasen sind ihr Werkstattzeichen – man könnte sie auch als ihr Logo bezeichnen. Seine Frau ist ausgebildete Kunsthandwerkerin, Herr Haase besitzt Abschlüsse als Diplomformgestalter und Architekt. Mehr als 300 Modeln, so werden die Formen genannt, mit denen die Muster aufgebracht werden, befinden sich im Werkstattlager der Haases. Viele davon wurden vom Handwerksmeister im Laufe der Jahre selbst gefertigt, ein großer Teil von anderen Blaudruckern übernommen.

Der Begriff Blaudruck ist im Grunde irreführend. Denn bedruckt werden die Stoffe mit dem sogenannten Papp, und der ist farblos. Außerdem ist er farbabweisend, und die Rezepte für seine Zusammensetzung werden von den einzelnen Werkstätten oft seit Jahrhunderten geheim gehalten. Papp wird mit Modeln aufgetragen. Wenn er dann getrocknet ist, werden die Stoffe gefärbt. Dabei bleiben die mit dem farbabweisenden Papp bedruckten Stellen weiß und bilden hübsche feine Muster. Die Stoffe der Blaudruckerei Haase gehen heute meist zum Färben nach Pulsnitz bei Dresden.

2018 wurde das Handwerk auf die Liste des immateriellen Kulturerbes gesetzt. Damit die Kulturform Blaudruck erhalten bleibt und es weiterhin Nachwuchs gibt, der das Drucken, Färben und Nähen lernen und weiterführen will, auch dafür war es wichtig, in dieser Liste aufgenommen zu werden. Bei Reinhard Haase bleibt die Werkstatt in der Familie, und das sorgt ganz sicher für – Freude!

Adresse Bei der Petrikirche 7, 18055 Rostock, Tel. 0381/499870 | **ÖPNV** mit der Straßenbahn 1, 2, 3 oder 4 von der Station Steintor IHK bis Gerberbruch, von hier circa 5 Minuten zu Fuß | **Öffnungszeiten** täglich 10 – 17 Uhr, können aber variieren, am besten vorher anrufen | **Tipp** Es heißt, der Alte Markt sei die Wiege der Stadt. Heute ist es hier meist still. Ein interessanter Wasserlauf ziert den Platz und wartet auf seine neue Belebung.

9 Der Blaue Esel

Genuss pur

Bei einem Bummel durch Rostocks Innenstadt kann es passieren, dass man plötzlich vor einem leuchtend blauen Esel steht. Genau dieser ist Wegweiser und Namensgeber für eine gastronomische Besonderheit. Das Lokal »Blauer Esel« in der Eselföterstraße zeichnet sich durch diverse Eigenheiten aus. Nicht nur das Restaurant, das Essen und das Ambiente sind überaus ansprechend, auch die Historie des Gebäudes, die bunte Deckenmalerei und die Erzählungen aus der Vergangenheit sind interessant. »Früher hatte hier die Olympiasiegerin Marita Koch einen Laden«, erzählt ein Rostocker Gast im Lokal. Marita Koch war ein Sportwunder und ist es eigentlich immer noch, denn sie hält bis heute den Weltrekord im 400-Meter-Lauf. Sie errang unzählige Siege und eröffnete später zwei Geschäfte in Rostock. Eines davon ist heute der »Blaue Esel«, und dort gibt es köstliches Essen.

Zu empfehlen sind auf jeden Fall wilder Broccoli mit Lammschulter und Sellerie-Kartoffelstampf mit Fisch, jedoch variieren die Gerichte saisonal. Vor- und Nachspeisen wie Bowls, gebeizte Fjordforelle oder karamellisierter Ziegenkäse sind ebenfalls ein Gedicht. Und es ist offensichtlich, dass Geschäftsführerin Melanie Germanotta auf hübsche Details achtet. Seit 2019 betreibt sie das Lokal und wagte damit den Schritt in die Selbstständigkeit. Hier kommen regionale Produkte auf den Teller, und auf den blauen Esel trifft man immer wieder – so beispielsweise auf kleinen Vasen, die in der Manufaktur ihrer Schwester entstanden. Wein und Wasser wird stilvoll in Karaffen serviert, und auch sonst wird hier auf die Kleinigkeiten geachtet.

Die bunte Deckenmalerei an Wänden und Holzbalken weist auf die geschichtliche Bedeutung des Hauses hin, das bereits im 16. Jahrhundert als Brau- und Kaufmannshaus erbaut wurde. Historisch interessant sind auch die Tür und eine barocke Treppe. Ein Genuss für Gaumen und Auge ist der »Blaue Esel« allemal.

Adresse Eselföterstraße 26, 18055 Rostock, Tel. 0381/2526996 | **Anfahrt** auf der Langen Straße oder im dortigen City-Parkhaus parken und zu Fuß in Eselföterstraße | **Öffnungszeiten** täglich von 11.30-22 Uhr | **Tipp** Einige Schritte entfernt findet sich in der Eselföterstraße 2 ein alter Speicher aus dem Jahr 1870.

10 Die Brauerei

Seit mehr als 130 Jahren

Die Brauergasse ist nur eine kleine Straße. Wären im Mittelalter die Straßennamen nach den ansässigen Betrieben und Berufen festgelegt worden, hätten viele diese Bezeichnung bekommen. Es gab unzählige Brauereien und Bierbrauer in Rostock, und die Geschichte des Brauwesens hat Tradition: Schon ab dem Mittelalter wurde hier Hopfen nicht nur angebaut, sondern auch verarbeitet und exportiert. »Schiffbier« nannte sich das zum Verkauf bestimmte Bier und wurde zum wichtigsten Exportgut der Stadt. Zur Zeit der Hanse stand der Bierhandel in der heimischen Wirtschaft an erster Stelle, und Brauer waren angesehene Bürger. Der tägliche Bierkonsum war enorm, was auch auf die damalige schlechte Qualität des Wassers zurückzuführen ist. Ende des 16. Jahrhunderts gab es rund 250 Brauereien in der Stadt. Erst ab dem 18. Jahrhundert nahm die Bedeutung des Brauwesens zugunsten neuer Getränke ab.

Dennoch eröffneten weitere Brauereien, wie die Voss'sche oder 1878 die Hanseatische Brauerei Rostock durch die Ingenieure Georg Mahn und Friedrich Ohlerich. Diese war aus der Julius Meyerschen Bierbrauerei entstanden, wurde in Brauerei Mahn & Ohlerich umbenannt und entwickelte sich zur erfolgreichsten Brauerei Mecklenburgs. Sie überstand Kriege, Demontagen, Wiederaufbau, Verstaatlichung und ein Großfeuer und ist bis heute an der Doberaner Straße 27 zu finden. 1967 wurde das Gebäude nach einem Brand wieder aufgebaut und modernisiert, sodass sie auch der Wiedervereinigung gewachsen war. Diverse Biersorten haben inzwischen Goldmedaillen erhalten, neue Sorten wurden entwickelt – so beispielsweise das nach den Firmengründern benannte »Mahn & Ohlerich Pils«. Unter dem Motto »Die Legende lebt« führte die Brauerei das Traditionsbier ein. Seit 2003 gehört die Hanseatische Brauerei Rostock zur Radeberger Gruppe und damit zum Oetker-Konzern. Das Rostocker Rathaus und der Greif zieren das Logo.

Adresse Hanseatische Brauerei Rostock, Doberaner Straße 27, 18057 Rostock, Tel. 0381/456450 | ÖPNV mit der Straßenbahn 1 oder 5 von der Station Steintor IHK bis Volkstheater, von dort einige Schritte zurück über die Doberaner Straße dann liegt die Brauerei auf der rechten Seite | Öffnungszeiten Mo–Fr 9–20 Uhr, Sa 8–18 Uhr; regelmäßig Hoffeste auf dem Gelände; April–Okt. Do 11 Uhr 90-minütige Führung, Karten bei der Touristeninformation, Restkarten vor Ort | Tipp Am Wendländer Schilde 7 befand sich die Voss'sche Brauerei, die auf das Jahr 1679 zurückgeht. Eines der Gebäude wurde zu Wohn- und Geschäftsräumen umfunktioniert.

11 Die bronzenen Türgriffe

Kunst steckt im Detail

Sein bekanntestes Werk steht im Zentrum der Stadt und ist täglich Treffpunkt für die Bewohner Rostocks. Weil es am »Brunnen der Lebensfreude« so viele Nackte gibt, die sich am sprudelnden Wasser erfreuen, wird er auch »Pornobrunnen« genannt. Mit krudem Porno hat er eigentlich nicht viel zu tun, aber als der Brunnen errichtet wurde, sorgten die unbekleideten Figuren noch für heftige Empörung.

Jo Jastram sagte einmal, dass es der deutschen Kunst häufig an »einer Art mediterranen Spaßes« fehle. Er vermisste das. Heiterkeit im städtischen Raum zu schaffen, das war etwas, was er immer wieder anstrebte. In Rostock gibt es unendlich viel Kunst im öffentlichen Raum, und Jo Jastram gestaltete hier über die Jahrzehnte eine ganze Reihe von Reliefs, Skulpturen und Brunnen.

Aber es sind auch kleinere Werke von ihm zu finden, die nicht sofort ins Auge fallen und leicht zu übersehen sind. Da sind zum Beispiel einige wunderbare Türgriffe. Zwei befinden sich im berühmten Hausbaumhaus. Das Türblatt zur Straße hin ziert eine lachende Sonne, vor der eine Wolke schwebt. Die Wolke dient dabei als Türhebel. Innen wird die Klinke mit einer liegenden nackten Frauenfigur bewegt. Irgendetwas hält sie unter dem linken Arm. Ein bisschen sieht es aus wie ein zusammengefaltetes Handtuch. Möchte die Dame an den Strand?

Auch an der Petrikirche hat Jo Jastram die Tür gestaltet. Das Glasportal, das in den Kirchenraum führt, wird seit 1999 links oder rechts mit Eva und Adam bewegt. Nackt und bloß strecken sie sich aus, als hätte es nie einen Sündenfall gegeben. Adam schaut zu Eva hinüber, und sie hält über ihrem Kopf den verlockenden Apfel. Ein weiterer schöner Türdrücker ist an der Turmtür zu finden. Er wird von einem Wal geschmückt, in dessen großem Maul ein zarter Jonas beinahe verschwindet. Es scheint, als wolle er sich mit seinen schmächtigen Armen befreien. Auch Kleines hat Kraft.

Adresse Hausbaumhaus, Wokrenter Straße 40, 18055 Rostock; St.-Petri-Kirche, Alter Markt 1, 18055 Rostock | ÖPNV mit der Straßenbahn 1 oder 4 von der Station Steintor IHK bis Lange Straße, dann circa 3 Minuten zu Fuß | Öffnungszeiten von außen immer zu betrachten | Tipp Machen Sie einen Abstecher in die schmale Gasse »Sackpfeife« und schauen Sie sich dort die Wandmalereien an.

12 Das Bunke-Haus

Wo es den Künstlern so natürlich schwaante

Franz Bunke gilt als Begründer der Schwaaner Künstlerkolonie. Er selbst wurde in dem hübschen Ort zwischen Warnow und Beke geboren und kehrte dann als Erwachsener den Sommer über regelmäßig zum Malen hierher zurück. Ihm ist es zu verdanken, dass auch andere begabte junge Männer aus Schwaan die Kunst für sich entdeckten. Rudolf Bartels etwa, der heute als bedeutendster Maler der ersten Hälfte des 20. Jahrhunderts in Mecklenburg gilt, war sein Zögling. Das ist auch das Besondere an dieser norddeutschen Künstlervereinigung und unterscheidet sie von anderen: dass vor allen Dingen einheimische Maler sie prägten.

Im Geburtshaus von Franz Bunke hat sich vor einigen Jahren der Galerist Hartmut Max Pankow niedergelassen. Er möchte Schwaan und der Kunst im Ort zu neuem Schwung verhelfen. Der erste Eindruck beim Betreten des alten Hauses ist überraschend. Es ist, als beträte man äußerst geschmackvoll eingerichtete Privaträume. Der Galerist selbst bewohnt das obere Stockwerk. Er hat das Haus restauriert und hält es als kleines privates Museum für interessierte Besucher geöffnet. Überall an den Wänden hängt Kunst, auf einem Tisch kann man in einer Mappe mit Grafiken stöbern.

Hinaus aus den Ateliers und hinein in die unverfälschte Natur. Um sie unter dem Einfluss der Jahreszeiten und der verschiedenen Wetter- und Lichtbedingungen so wiederzugeben, wie man sie empfand. Das trieb auch die Schwaaner Künstler an. Mit ihren Staffeleien zogen sie an die Warnow oder an ihren kleinen Zufluss, die Beke. »Landschaftern« nannte Franz Bunke das. Zu DDR-Zeiten interessierte sich kaum jemand für die Maler. Das änderte sich erst 1992, als eine große Ausstellung im Schweriner Schloss organisiert wurde. Heute zieht es so manche Besucher der farbigen Vergangenheit wegen nach Schwaan. Und dann schauen sie auch bei dem Mann vorbei, der hier im Bunke-Haus so ersichtlich mit und für die Kunst lebt.

Adresse Wallstraße 13, 18258 Schwaan, Tel. 0176/55402370, E-Mail: maxfbh@hotmail.de | Anfahrt von der A 20 auf die L 13 in Richtung Schwaan, im Ort rechts auf Wallstraße | Öffnungszeiten täglich 10–20 Uhr, Klingel hinter der Fensterlade | Tipp An der alten Wassermühle starten zwei Wege, auf denen man entdecken kann, wo die Maler ihre Motive fanden.

13 Die Casita Maria

Eine Herzensangelegenheit

Wer ein denkmalgeschütztes und für die Altstadt typisches Rostocker Haus von innen sehen möchte, sollte eine Übernachtung in der Casita Maria buchen, eine Veranstaltung besuchen oder am Tag des offenen Denkmals die Gelegenheit nutzen, um sich einen Einblick zu verschaffen.

Die Pension liegt in der Östlichen Altstadt, dort, wo Rostock entstanden ist und wo einst die Beginen, ein religiöser Frauenorden, ansässig waren. Das kleine grüne Haus gibt es schon seit dem 18. Jahrhundert. In den 90er Jahren wurde es fast komplett abgerissen und nach historischem Vorbild wiederaufgebaut. Erhalten blieb ein Tonnengewölbe von 1670 im Keller.

Es waren Begeisterung und eine gehörige Portion Mut, die die Familie Pistor und den Architekten Rainer Brise zum Kauf des Hauses mit dem hübschen Korbbogenportal veranlassten. Jede freie Minute investierten sie in den Umbau (eine Dokumentation dazu befindet sich im Eingangsbereich) und in die Einrichtung, um schließlich ein Heim zu schaffen. Das ist einige Jahre her, und Maria Pistor bewohnt einen Teil des Gebäudes inzwischen allein. Doch gern kommen Freunde vorbei, Besucher oder Gäste, die hier übernachten (mit Selbstverpflegung) und im kleinen dazugehörigen Wildgärtchen sitzen. Herz und Phantasie, viel Kraft und Energie stecken in diesem Gebäude.

Unzählige liebevoll gesammelte Details befinden sich in der Casita Maria. So zum Beispiel ein Gitarrenstuhl, den eine Künstlerin hergestellt hat, oder eine Trompetenlampe vom Designmarkt. Alles ist von Flohmärkten und anderen Kunst- und Kramläden zusammengetragen. Maria Pistor sucht unermüdlich außergewöhnliche Wohnaccessoires. Und sie weiß viel über ihre Heimatstadt, kennt alle und hat viele Tipps und Ideen, ist offen, zugewandt und hilft ihren Gästen, wo sie kann. Lassen Sie sich das Gästebuch zeigen. Hier haben schon einige bekannte Persönlichkeiten übernachtet.

Adresse Beginenberg 2, 18055 Rostock, www.casita-maria.de | Anfahrt vom Mühlendamm kommend in Ernst-Barlach-Straße, bei der ersten Möglichkeit links abbiegen, am Kreisel in Bahnhofsstraße und durch die Unterführung, dann links halten, in Große Wasserstraße und sofort wieder links | Öffnungszeiten weitere Infos und Buchungen unter 0381/4905716 oder 0179/5065348 | Tipp Vis à vis befindet sich das Törtcheneck Schwesterherz, das zwar noch nicht zur Frühstückszeit geöffnet hat, dafür aber nachmittags zu Kaffee und Kuchen einlädt (Di–Sa 13–17 Uhr).

14 Die Christuskirche

Jesus ist auch politisch

Ihr einstiger Standort befand sich nur wenige Meter vom Kröpeliner Tor entfernt. Ein Mahnmal erinnert seit 2009 an ihre Sprengung im Jahr 1971. »Das alles ist über uns gekommen, und doch haben wir dich nicht vergessen!«, ist dort auf einer Granitscheibe zu lesen. Wenige Worte, die beredte Geschichte erzählen.

Die Sprengung der Christuskirche war seinerzeit nicht ohne vorherigen Protest und mühsame Verhandlungen erfolgt. Von staatlicher Seite aus war der Gemeinde ein Ersatzbau zugesagt worden. Der sollte allerdings in einer Nebenstraße stehen. Auch die Jakobikirche, eine der vier großen Kirchen Rostocks, musste Ende der 60er Jahre der Vision einer sozialistischen Stadt weichen.

Die erste Christuskirche war 1909 geweiht worden. Im Zweiten Weltkrieg wurde sie zum Teil zerstört, konnte aber bereits wenige Jahre nach Kriegsende wieder aufgebaut und ihr Turm mit einem Notdach abgedeckt werden. Dann gab es Ende der 60er Jahre den Plan, Gehlsdorf und die Südstadt durch eine Magistrale zu verbinden. Dabei war das Gotteshaus angeblich im Weg. Diese Pläne wurden jedoch nie vollständig umgesetzt, und der Platz, an dem die Kirche früher stand, blieb unbebaut. Das lässt vermuten, dass damals auch ideologische Hintergründe mit im Spiel waren und die DDR-Politik eine christliche Kirche besser an einem weniger zentralen Ort haben wollte.

Die neue Kirche entstand am Borenweg an der Ecke zum Häktweg. Einen Teil der Kosten musste die katholische Kirche damals selbst tragen. Architekt war Gisbert Wolf, für das Dach konnte Ulrich Müther, der Baumeister der sogenannten Hyparschalen, gewonnen werden. Sein Name ist den meisten durch den berühmten »Teepott« in Warnemünde oder den futuristischen Binzer Rettungsturm bekannt. Ob der sanfte Schwung des Daches auch der Gemeinde damals zu Elan gegen sämtliche Widrigkeiten verhelfen konnte? Man wünschte es ihr.

Adresse Häktweg 4, 18057 Rostock, Tel. 0381/242340 | **ÖPNV** mit der Straßenbahn 2 oder 3 ab Station Steintor IHK bis Goetheplatz, von dort links in St.-Georg-Straße, wieder links in Wächterstraße, dann rechts in Finkenbauer Straße und in Häktweg | **Öffnungszeiten** zu Gottesdienstzeiten | **Tipp** Im Friedhofsweg 49 am Gemeindehaus St. Jakobi ist ein großes Wandbild der einstigen Jakobikirche zu sehen, die ebenfalls der sozialistischen Neugestaltung weichen musste.

15 Das Coaast

Von Modern Talking bis Deep Purple

Dieser Plattenladen gilt in Warnemünde als Institution. Das liegt wohl nicht nur an den rund 3.000 schwarzen Vinylscheiben, die Andreas Buhse im Angebot hat. Er selbst ist ein wahrer Tausendsassa. Neben dem Betreiben seines Ladens organisiert er Konzerte, gibt CDs heraus und schreibt Bücher. Die wiederum haben, wie sollte es anders sein, mit Musik zu tun.

Dass Andreas Buhse die Schallplatte bevorzugt, hängt für ihn in erster Linie mit der angenehmen Entschleunigung zusammen, die das Musikhören auf diese Weise nun einmal mit sich bringt. Man zieht die Platte aus ihrer Hülle, befreit sie von Staub und Flusen, um sie dann behutsam auf den Plattenteller zu legen. Der Tonarm wird in Bewegung gesetzt, und mit einem feinen Geräusch setzt die Nadel auf. Meist hört man auch nicht nur ein Stück. Das Plattenhören ist ein viel langsamerer und gänzlich anderer Vorgang, als sich die Musik aus dem Netz zu saugen.

Viele Kunden im Coaast sind Sammler. Aber in den letzten Jahren ist das Interesse an LPs auch bei jüngeren Leuten wieder gestiegen. Für manche Liebhaber bilden Platte und Cover ein Gesamtkunstwerk. Es soll sogar Menschen geben, die eine Platte nur wegen ihrer besonders schönen Hülle erstehen. Das Sortiment im Geschäft umfasst vor allen Dingen die Rockmusik der 60er bis 80er Jahre. Manche Gruppen gehen einfach immer. Dazu gehören die Beatles, Deep Purple oder die Rolling Stones. Schallplatten aus den 90er Jahren sind oft besonders wertvoll, weil zu dieser Zeit schon Konkurrenz zur CD bestand und deshalb häufig nur kleine Auflagen auf Vinyl gepresst wurden. Seit ein paar Jahren gibt es im Coaast auch Kaffee. So kann der Laden auch samstags und sonntags seine Türen öffnen. Bei gutem Wetter stehen einige Tische und Stühle draußen vor dem Geschäft. Aus dem Laden erklingt die Gitarre von Carlos Santana, und hinter den Dünen kreischen die Möwen.

Adresse Am Leuchtturm 4, 18119 Rostock, Tel. 0381/5191100 | Anfahrt vom Kirchenplatz zu Fuß in Anastasiastraße, dort am Ende rechts in Hermannstraße, über Georginenplatz und -straße links in »Am Leuchtturm« einbiegen, Gehzeit circa 8 Minuten | Öffnungszeiten Di–So 10–18 Uhr, Mo geschlossen | Tipp Ein paar Schritte weiter gibt es in der »Eisdiele« hausgemachtes Softeis.

16 Die Destillerie

Ausgezeichnete Brände

Längst sind die großen alten Zeiten der Schnaps- und Kornbrennereien, die in Rostock einen wichtigen Gewerbezweig bildeten, vergangen. Unternehmen wie Lorenz, Lehment oder Krahnstöver stellten diverse hochprozentige Produkte her und machten sich über die Stadtgrenzen hinaus einen Namen. Heute ist die Herstellung von Spirituosen dagegen kleiner, gelegentlich aber auch feiner geworden. So zum Beispiel in der Destille Rittmeister in Biestow.

Der Ortsteil liegt am südlichen Stadtrand von Rostock, hier befindet sich eine alte Dorfschule aus dem Jahr 1910. Dieses Gebäude nutzte Andreas Barnehl, um sich ein Hotel und Restaurant im Landhausstil einzurichten und um seiner Leidenschaft des Schnapsbrennens nachgehen zu können. Inzwischen befindet sich hier eine Brennerei mit blank geputzten, glänzenden Destillierapparaten. Mit Hilfe dieser und besonderer Zutaten stellt er seine Produkte her, zu denen überwiegend Obstbrände, aber auch Schnäpse wie »Rostocker Köm« (kommt sehr gut als Mitbringsel an), Wodka, Gin oder Whisky – 3,5 Jahre im Fass gelagert und nach seinen Recherchen der erste, der in Rostock produziert wird – gehören. »Erdbeer Kritz« beispielsweise basiert auf Gin und wird mit Gewürzen und Erdbeersaft hergestellt.

Die Leidenschaft für hochprozentige Getränke entwickelte Barnehl in seinen Lehr- und Wanderjahren. In Bayern traf er auf einen begeisterten Destilliermeister, dessen Enthusiasmus sich auf ihn übertrug. Zurück im Norden, bot sich ihm die Gelegenheit mit dem Hotel Rittmeister. Hier ließ er sich Destilliergeräte einbauen und fabriziert seit 2010 feine Spirituosen.

Barnehl erhielt bereits diverse Auszeichnungen für seine Kreationen, die Spirituosen erfreuen sich wachsender Beliebtheit, doch er selbst wirkt bescheiden und zurückhaltend. Auffallend sind die dekorativen Etiketten, zum Beispiel beim Windflüsterer, Goos Baltic Wodka oder Holz-Korn.

Adresse Hotel, Landhaus und Destille Rittmeister, Biestower Damm 1, 18059 Rostock, Tel. 0381/ 6667330, shop@rittmeister-destillle.de | **Anfahrt** von Rostock-Zentrum über Südring in Richtung Klinikum Südstadt, dort links auf Biestower Damm abbiegen | **Öffnungszeiten** Gastronomie: Mo–So 12–22 Uhr, Hotelrezeption: täglich 9–18.30 Uhr | **Tipp** Ganz in der Nähe (Am Dorfteich 15g) befindet sich in einer Scheune der Laden »Angelangt«. Hier gibt es Blumen, Geschenke, Feinkost und anderes.

17 Der Dichterstadtteil

Knallerballer und Klickermann

Welche Stadt hat schon einen Knallerballerweg, einen Burrkäwersweg, einen Käppen-Pött-Weg oder einen Köster-Klickermann-Weg? Zu Rostock gehören diese Straßen genauso wie einer ihrer bekanntesten Schriftsteller. John Brinckmann wurde in Rostock geboren, studierte und arbeitete hier und hinterließ einige Erinnerungen an seine Heimat. Die Hansestadt wiederum dankte es ihm mit verschiedenen Ehrungen: Brinckmannsdorf wurde nach ihm benannt, anlässlich seines 100. Geburtstags wurde im Warnemünder Kurpark ein Gedenkstein für ihn aufgestellt (gegenüber seiner Sommerwohnung Am Strom 35), und ein Brunnen von Paul Wallat wurde ihm zu Ehren geschaffen. Der stand zuerst am Schröderplatz, wanderte dann zum Vögenteichplatz und wurde schließlich nach Brinckmannsdorf versetzt. Zum 200. Geburtstag folgte eine Gedenktafel an seiner ehemaligen Studentenbude (Burgwall 12/13).

Brinckmannsdorf selbst entwickelte sich Anfang des 20. Jahrhunderts entlang der Tessiner Straße, rechts und links davon entstanden die Wohngebiete. Eines davon wurde auf Drängen von Stadtbaudirektor Gustav Wilhelm Berringer nach dem Konzept der neuen Gartenstädte entworfen. In dieser kleinen Siedlung finden sich Straßennamen aus Brinckmanns Erzählungen, wie Katt-un-Mus-Weg oder Kunkeldanweg. Die Einwohner liebten ihre Häuser und Gärten, sie feierten zusammen und bildeten schon bald eine Gemeinschaft. Wesentlich später erst, ab 1997, entwickelte sich das Wohngebiet Brinckmannshöhe.

Der Brinckmannbrunnen aus dem Jahr 1914 dagegen ehrt die Schaffenskraft Brinckmanns, der dafür bekannt war, sein Ohr immer dicht am Volk zu haben und seine Sprache zu sprechen. Das Interesse an dem Autor ist immer noch groß. Ab 2020 werden der Brunnen und seine Umgebung erneuert: Hochbeete, Bänke, eine neue Pflasterung, eine bessere Beleuchtung und eine bessere Sichtbarkeit des Brunnens von Paul Wallat sind geplant.

Adresse entlang der Tessiner Straße, 18055 Rostock | **Anfahrt** vom Zentrum kommend Mühlendamm stadtauswärts fahren, von der A 19 kommend Abfahrt Richtung Zentrum | **Tipp** Wie Brinckmannsdorf erhielt auch Reutershagen seinen Namen von einem Schriftsteller: Fritz Reuter. Dort entstand 1919 ebenfalls eine Gartenstadt.

18 Der Discgolf-Parcours

Fliegende Scheiben im Grünen

Das gute alte Frisbee kennt jeder. Eine Abwandlung dieser fliegenden Scheibe kommt beim Discgolf zum Einsatz – sie ist meist etwas schwerer. In Rostock hat sich der Sport mit der runden Wurfscheibe zum beliebten Dauerbrenner entwickelt. Der Ort, an dem Anhänger ihrem Hobby frönen können, liegt im Barnstorfer Wald. Die Anlage hier verfügt mittlerweile über zwölf installierte Körbe. Sie entstand 2005 für die Europameisterschaften, der Eintritt ist frei.

Im Barnstorfer Wald übt man sich in erprobten oder neuen Wurftechniken. Darüber hinaus ist man an der frischen Luft oder hat Spaß mit Freunden und Familie. Die Regeln und Begriffe beim Discgolf ähneln denen des echten Golfsports. Das Ziel besteht darin, die runde Scheibe – in diesem Fall Golfdisc genannt – in eigens dafür aufgestellte Körbe zu werfen, die in einem Parcours über die Anlage verteilt stehen.

Je weniger Würfe man für einen Treffer benötigt, umso besser. Alter und Kondition spielen keine große Rolle. Das macht den Sport für viele Menschen so reizvoll. Zur Belohnung gibt es nach dem Spiel ein Picknick in herrlich grüner Umgebung. In Rostock erfreut sich Discgolf weiterhin zunehmender Beliebtheit. Deshalb ist im Kringelgrabenpark in der Südstadt für Sommer 2021 eine neue Anlage geplant.

Eine ganze Reihe von Sportarten kann mit der runden Scheibe praktiziert werden. Die Frisbee-Scheibe wurde von Walter Frederick Morrison erfunden, der Kinder dabei beobachtet hatte, wie sie sich an in den Müll geworfenen Pie-Formen im Werfen übten. Er kannte diese Kuchenformen von einem Bäcker namens Frisbie, bei dem er früher selbst Kunde gewesen war. Morrison bastelte so lange an der Flugfähigkeit der Scheibe, bis sie 1957 in Produktion gehen konnte. Zwei Jahre später wurde sie unter dem Handelsnamen »Frisbee« eingetragen und trat ihren Siegeszug hinaus in die weite Welt an.

Adresse Schillingallee 41, 18059 Rostock | Anfahrt dem Verlauf der August-Bebel-Allee folgen, nach circa 3 Kilometern rechts in Ernst-Heydemann-Straße, von dort links in Schillingallee | Öffnungszeiten Anlage jederzeit frei zugänglich | Tipp Ein sinnvolles Relikt aus DDR-Zeiten befindet sich neben dem Zoo. Im Verkehrsgarten wird jeder Viertklässler Rostocks ins Radfahren eingewiesen.

19_Das Dock Inn

Im Container anheuern

Gleich beim Betreten der großzügigen Lobby spürt man sie, diese angenehme und für Hostels so typische Atmosphäre. Viele junge Menschen, entspannte Heiterkeit, modernes und funktionales Design. Letzteres allerdings ist bis ins kleinste Detail durchdacht. Der Hafen und die Warnemünder Werft liegen direkt vor der Tür.

Ein Hostel, dessen Zimmer alle aus Containern bestehen. Das gibt es laut Betreibern so an keinem anderen Ort in Deutschland. Eingebettet in eine Stahl-Beton-Konstruktion, lagern die ausgedienten Überseecontainer auf einem zweigeschossigen Sockelbau. In diesem befinden sich eine großzügige Eingangshalle mit hölzernem Empfangstresen und die Kombüse, eine Küche für Selbstversorger mit Gästekühlschränken. Auf einer Galerie stehen Computerplätze zur Verfügung. Holz und Metall sind die vorherrschenden Materialien.

Bevor die Container zu diesen ausgeklügelten Herbergen wurden, transportierte man in ihnen Bananen, Schuhkartons oder Medikamente über die weiten Meere. Nun träumen hier Surfer und Strandläufer von viel Wind und Sonne. 2017 erhielt das Hostel den Deutschen Tourismuspreis.

Insgesamt 64 Zimmer stehen den Gästen im Dock Inn zur Verfügung. Die sogenannten »Dorms« – so werden auf Englisch Schlafräume bezeichnet – sind mit je vier oder acht Betten ausgestattet. Die einzelnen Schlafplätze sind durch Vorhänge voneinander getrennt. Jeder Raum verfügt über zwei Bäder, einen Wohnbereich und Spinde für die eigenen Wertsachen. Die Suiten bestehen aus zwei zusammengeschweißten Containern und sind mit ihren 50 Quadratmetern sehr geräumig. Vor allem schwebt man hier ein wenig über den Dingen, denn die Hafensuiten befinden sich ganz oben im Containerstapel. Von dort aus kann man am Abend der Sonne dabei zusehen, wie sie im Meer verschwindet. Und wem nur Gucken zu still ist, der kann zum Sonnenuntergang auf der bereitstehenden E-Gitarre ein Liedchen klimpern.

Adresse Zum Zollamt 4, 18119 Warnemünde, Tel. 0381/670700, www.dock-inn.de | **Anfahrt** von der Stadtautobahn B 103 rechts in Lortzingstraße abbiegen, wird zur Straße »Zum Zollamt« | **Öffnungszeiten** ganzjährig | **Tipp** Gleich nebenan in der Kletterhalle »Felshelden« kann man Gipfel stürmen.

20 Die Drehorte

Auf den Spuren des beliebten »Polizeirufs«

Sie gehören zu den sympathischsten Ermittlern und passen perfekt zu Rostock: Charly Hübner und Anneke Kim Sarnau alias Kommissar Bukow und Profilerin König. Und sie drehen nicht nur hier, sondern haben die Stadt ins Herz geschlossen. »Ich liebe Rostock. In Rostock zu leben wäre für mich auch eine Option«, erklärte Sarnau in einem Interview. Hübner begann hier sein Schauspielstudium, bis die Schule schloss und er nach Berlin ging. Der Mau-Club am Hafen ist sein Lieblingsplatz, Sarnau liebt einen morgendlichen Kaffee im »Borwin« am Hafen. In jeder Folge des »Polizeirufs« sind diverse Locations wiederzuerkennen: der Ulmencampus der Universität, der Beginenberg, ein Steg am Gehlsdorfer Ufer mit Blick auf die Rostocker Skyline, die Neue Werderstraße, der Birkenweg, das Klinikum Süd, die Neptunschwimmhalle, der Neue Markt mit seinen bunten Häusern und dem Rathaus oder die Petrikirche.

Es könnten aber ruhig noch mehr sein – das sehen selbst die Schauspieler so. »Die Rostocker lassen sich nicht so leicht verbiegen und sind im Charakter wettergegerbt«, findet Sarnau. Das Team versucht, den Charakter der alten Hansestadt und ihrer Einwohner darzustellen, wenngleich die unterschiedlichen Ecken nicht immer sofort zu erkennen sind. Die wunderbare Lage am Wasser wird oft und gern gezeigt. Ob beim Joggen oder bei einer Verfolgungsjagd, am Tag oder in der Nacht – es geht an die Warnow. Wenn das Team ermittelt, schalten Millionen von Krimifans ein. Sie sehen dann Plattenhaussiedlungen in Schmarl, den Eisgarten in der Vitus-Bering-Straße 2, Szenen in Groß Klein (am Schiffbauer- und Taklerring) oder das Gelände der ehemaligen Neptun Werft.

Das Polizeipräsidium des Rostocker »Polizeirufs« befindet sich zwar nicht in der Stadt, dafür bekommen die Zuschauer wunderbare Luftaufnahmen und das nächtliche Leben zu sehen. Vor einem Aufenthalt in der Hansestadt lohnt es sich, sich eine Folge des »Polizeirufs« anzusehen.

Adresse Spaziergang an der Warnow vom Stadthafen Richtung Neptun Werft, 18055 Rostock | Anfahrt über Grubenstraße in Richtung »Am Strande«, an der T-Kreuzung rechter Hand Parkplatz und Parkhaus | Tipp Am Ende des Stadthafens befindet sich Ottos Restaurantschiff. Ein perfekter Platz an der Warnow mit Blick Richtung Gehlsdorf und zudem täglich geöffnet (11.30–22 Uhr).

21 Das Dünenmessfeld

Einzigartig an der Ostseeküste

Im Urlaub wirft fast jeder zuweilen einen Blick auf die Wettervorhersage. Besonders wenn sich die Sonne einige Tage nicht gezeigt hat, es kalt und ungemütlich ist. In Warnemünde, das sich im Normalfall durch ein gemäßigtes Klima auszeichnet und wo es selten windstill ist, haben Wetterbeobachtungen eine lange Tradition.

Schlendert man mal nicht an der breiten Uferpromenade entlang, sondern auf der Seestraße, kommt man zum Gebäude des Deutschen Wetterdienstes, das die aktuellen Temperaturen von Wasser und Luft, Luftfeuchtigkeit und Luftdruck, Wind und Windrichtung zeigt. Insgesamt über 184 Jahre Beobachtungen zur Wetterlage in Warnemünde – das ist die Geschichte der Wetterstation gleich hinter dem Strand, die 2016 ihre Arbeit einstellte. Zurück blieben das Gebäude und schräg gegenüber das erste und bis heute einzige Dünenmessfeld an der deutschen Ostseeküste. Ebenso eine Thermometerhütte und ein Klimagarten, in dem Messungen von Niederschlag oder Erdbodentemperatur durchgeführt wurden.

Während in Warnemünde die Beobachtungen von Wind und Wetter bis ins Jahr 1841 zurückreichen, erfolgten in Rostock bereits ab 1771 regelmäßige Messungen durch das Physikalische Institut der Universität. Dafür hat Warnemünde eine 70-jährige Klimareihe (das sind Zeitreihen der verschiedenen Klimaelemente) aufzuweisen. Die hiesige Klimareihe ist so besonders, weil sich der Standort der Station nie veränderte und die Homogenität somit tatsächlich Rückschlüsse auf die Klimaveränderungen insbesondere hier an der Ostsee ermöglicht.

Inzwischen erfolgen alle Messungen in Warnemünde automatisch und werden über Sensoren an den Deutschen Wetterdienst DWD in Offenbach übertragen. Das war früher noch ganz anders. An der 1868 gegründeten Deutschen Seewarte wurden Wind und Wetter tatsächlich beobachtet und von Lotsenkommandeur Stephan Jantzen veröffentlicht.

Adresse DWD, Seestraße 15, 18119 Warnemünde | Anfahrt über die B 103 bis Warnemünde, dort links in Richard-Wagner-Straße, an deren Ende kurz rechts und gleich wieder links in Kurhausstraße, Parkhaus vorhanden, Dünenfeld direkt am Strand | Tipp Ein berühmter Meteorologe der Stadt war der Afrikaforscher Paul Pogge, der in Rostock mit einer Büste im Rosengarten geehrt wird.

22 Der Eisbrecher

Erinnerung an einen leidenschaftlichen Kapitän

Im Rostocker Stadthafen liegt der Eisbrecher »Stephan Jantzen«. Werfen Sie einen Blick hinein – das kostet nichts, und fachkundige Landmatrosen geben gern Auskunft. Das Schiff, das im Jahr 1967 gebaut wurde, fuhr bis 1990. Es war in Deutschland das zweitgrößte Schiff, das speziell zum Aufbrechen von Eis auf dem zugefrorenen Meer oder auf Flüssen eingesetzt wurde. Dazu diente der typische schräge Vordersteven, mit dem es sich auf das gefrorene Wasser schob, um dann mit dem Gewicht das Eis zu brechen. Knapp 68 Meter lang und gut 18 Meter breit ist der Eisbrecher, der von der Admiralitätswerft in Sankt Petersburg gebaut wurde.

Heute kümmern sich Ehrenamtliche um das Schiff. Es gibt Führungen und weitere Bildungsangebote, aber auch Feste und Feiern sind möglich, und zuweilen finden auch Seemannsgottesdienste statt. Der Besuch der »Jantzen« lohnt sich in jedem Fall.

Seinen Namen verdankt das Schiff dem Kapitän und Lotsenkommandeur Stephan Jantzen, der das Meer und seinen Beruf liebte. Geboren am 20. Juli 1827 in Warnemünde, wurde er bereits im Alter von 14 Jahren Schiffsjunge und war fortan auf See. Anschließend ging er als Matrose an Bord, wurde Steuermann und später Kapitän und lief auf diversen Schiffen aus Rostocks Hafen aus. Die Welt umsegelte Jantzen (begleitet von seiner Ehefrau Marie Susemihl und zeitweise auch von seinen Söhnen, die später auch Seemänner wurden) als Kapitän auf der »Johannes Keppler«. Als mutig und tollkühn galt Jantzen, der mit seinen diversen Rettungsaktionen schließlich als der bekannteste Warnemünder in die Geschichte einging. Jantzen war Vorbild für die Seenotrettung, weil er selbst auf See immer aufs Ganze ging, zuweilen sein Leben riskierte und bei verschiedenen Aktionen Menschen rettete. Kaiser Wilhelm I. zeichnete ihn für seine Verdienste aus, ebenso der portugiesische und der schwedische König.

Adresse Stadthafen, 18055 Rostock, Tel. 0172/5456301 | Anfahrt über Grubenstraße, links abbiegen in die Straße »Am Strande« und dann rechts in Stadthafen abbiegen | Öffnungszeiten Mo–Sa 10–15 Uhr | Tipp Auf dem ehemaligen Friedhof in Warnemünde entstand der Stephan-Jantzen-Park, in dem der Lotsenkommandeur begraben liegt.

23 Das Elternhaus

Ein Kapitel für sich

Acht Jahre verbrachte der Rostocker Schriftsteller Walter Kempowski im Zuchthaus in Bautzen. Wegen Spionageverdachts war er inhaftiert worden und verarbeitete dies später in seinem ersten Roman »Im Block«. Der Sohn eines Reeders und Schiffsmaklers kam 1929 in der Hansestadt zur Welt, schrieb später viele seiner Erinnerungen in Romanen wie »Tadellöser & Wolf« oder »Ein Kapitel für sich« mit seinem ganz eigenen Humor nieder und prägte geflügelte Aussprüche wie »Scheisse mit Reisse«, »Ihr höögt euch wohl« oder »Der ist nicht ganz bei Groschen«. Er schrieb über seine Familie, eine typische Rostocker Reederfamilie, deren Kontor gleich neben dem Mönchentor lag und die seit 1938 in der Augustenstraße 90 wohnte. Kempowski besuchte – wie schon sein Vater – die alte Stadtschule. Er wurde in der Universitätskirche konfirmiert, liebte die barocke Marienkirche aber ganz besonders. Wunschgemäß machte er zuerst eine Kaufmannslehre, begann nach seiner Inhaftierung zu schreiben und wurde schließlich Lehrer in Rotenburg an der Wümme. Ab den 1970er Jahren erschienen diverse Romane über seine Erinnerungen an die Heimat und machten Kempowski zum viel gelesenen Rostocker Chronisten.

Er setzte seiner Heimatstadt ein literarisches Denkmal, und sie dankte es ihm mit dem Kempowski-Archiv im Klosterhof, in dem sein Schreibtisch und die elterliche Bibliothek zu sehen sind. Kempowski erhielt die Ehrendoktorwürde, und schließlich wurde ein Stück des Stadthafens nach ihm benannt. Drei Stelen dort gedenken seiner. Sie alle lassen den Schriftsteller, der sehr an seiner Geburtsstadt hing, weiterleben.

»Ich habe meine Lebensarbeit unter Dach und Fach«, erklärte Kempowski, nachdem bei ihm eine Krebserkrankung diagnostiziert worden war. 2007 verstarb er in Rotenburg. Die Trauerfeier fand in seiner geliebten Marienkirche statt. Die Sonnenuhr am südöstlichen Außenpfeiler der Marienkirche ist eine Schenkung des Dichters.

Adresse Augustenstraße 90, 18055 Rostock | Anfahrt über August-Bebel-Allee Richtung Zentrum, links in Herrmannstraße und dann rechts in Augustenstraße abbiegen | Öffnungszeiten nur von außen zu besichtigen | Tipp Pingel und Topp sind Namen aus »Tadellöser & Wolf«. Die Namen sind tatsächlich auf dem Kriegerdenkmal in der Schwaanschen Straße zu finden!

24 Die Fischbratküche

Herzhaftes zum Reinbeißen

Patente fleißige Damen hinter dem Tresen, Fischmarkt-Flair, große Schwarz-Weiß-Fotos an den Wänden – die Fischbratküche hat diese tolle Mischung aus regionalem, bodenständigem Essen und guter Atmosphäre. Zieht man einen schnellen Imbiss vor, bestellt man sich ein anständig belegtes Fischbrötchen. Achtung, die großzügig verteilte Remoulade kleckert beim Hineinbeißen. Man isst gleich im Stehen oder an einem der Holztische draußen vor der Tür. Oder man lässt sich in Ruhe im geräumigen Lokal nieder.

Bestellt wird am Tresen. Ist das Essen zubereitet, wird man aufgerufen. Der Gast kann beim Braten und Garen zuschauen. Die Tabletts bestehen aus kleinen Holzkisten. Bier oder Fassbrause, frisch vom Fass gezapft, runden den perfekten Fischgenuss ab. In einem stattlichen Aquarium schwimmen einheimische Fische. Und wenn Sie sich im Lokal auf die Suche begeben, entdecken Sie den Fischmarkt auch in Miniatur.

In Marienehe waren früher die Heinkelwerke ansässig. Während des Bombardements 1942 blieb hier kaum etwas intakt. Nach dem Krieg entstand das Rostocker Fischkombinat. Mehr als 8.000 Mitarbeiter waren hier zur Zeit der Wende beschäftigt. 1990 wurde das Kombinat aufgelöst, daraus ging der Fischereihafen Rostock hervor, heute befindet sich hier außerdem der Frachthafen. Durchschnittlich 550 Frachtschiffe werden jährlich abgefertigt, vornehmlich Düngemittel, Getreide und Holz werden umgeschlagen. Darüber hinaus gibt es auf dem Gelände ein gigantisches Kühlhaus und viele Logistik- und Lagerfirmen. 2020 hätte der Hafen seinen 70. Geburtstag groß feiern wollen. Die Corona-Pandemie machte diese Pläne zunichte. Bleibt zu hoffen, dass die Krise nicht zu lange Schatten wirft.

In der Fischbratküche wird weiter gebrutzelt, und im Ladengeschäft nebenan können neben frischem Fisch aus der Ostsee allerhand Gewürze, Räuchersalz und Marinaden erstanden werden.

Adresse Warnowpier 431, 18069 Rostock, Tel. 0381/8111221, www.rostocker-fischmarkt.de | Anfahrt über Warnowufer und Werftstraße bis »Am Fischereihafen«, von dort rechts in die Straße Zum Kühlhaus und weiter zum Fischmarkt | Öffnungszeiten Mo–Sa 11–17 Uhr | Tipp Ein kleines Stück weiter gibt es beim Großhändler »Venfisk« ebenfalls Fisch und Delikatessen satt für jedermann.

25 Der Fischereihof

Idylle bei Detlefsens

Wer Lust auf eine kleine Landpartie in die Umgebung von Rostock hat, sollte sich auf den Weg zum Fischereihof Detlefsen nach Hütten machen. An Wiesen und Feldern entlang geht es zu diesem beschaulichen Plätzchen an einem Ort mit langer Geschichte. Dort, wo schon vor Jahrhunderten Mönche Fischzucht betrieben und Karpfen, Hechte und Schleie aufzogen, sind auch heute noch die Klosterteiche zu finden. Sie gehen zurück auf Zisterziensermönche, die sich hier ansiedelten und im Jahr 1171 mit der Fischzucht begannen. Damit konnten sie sich selbst versorgen und ihre Fische zum Verkauf in der Umgebung anbieten. Mit der Reformationszeit kam die Auflösung des Klosters, und fortan lagen die Teiche brach oder wurden nur noch sporadisch zum Fischen genutzt. Erst 1906 begann die Großherzogliche Forstverwaltung wieder mit der Bewirtschaftung.

Heute ist hier der Fischereihof Detlefsen ansässig, der die alten Klosterteiche ökologisch nachhaltig nutzt und ein Restaurant, eine Räucherei und einen Fischverkauf im Hofladen betreibt. Es gibt vorzüglichen Räucherfisch und andere Fischspezialitäten, ein idyllisches Ambiente und viel Ruhe. Ruhe ist dem Betreiber des Fischereihofes Leif Detlefsen wichtig, genauso wie das Leben in Einklang mit den Jahreszeiten. Er betreibt den Fischereihof und das Restaurant »Hütter Wohld« zusammen mit seiner Schwester und ihrem Mann. Gemeinsam bringen sie fangfrischen Fisch in kreativen Variationen auf den Tisch und verkaufen ihre Fischspezialitäten direkt. Wer will, darf sich seinen »eigenen« Fisch im Teich aussuchen. Gut ist der in jedem Fall. Das Magazin »Feinschmecker« zeichnete den köstlichen Räucherfisch bereits aus.

Die Stimmung und die Gegend machen den Fischereihof so besonders. Nebenan ist Dirk Detlefsen kreativ tätig. Seine Skulpturen säumen den Weg zum Restaurant und können im Atelier erworben werden.

Adresse Am Hütter Wohld 5, 18209 Bartenshagen-Parkentin | Anfahrt aus Rostock kommend über die B 103 Richtung Parkentin abbiegen und dem Straßenverlauf über Rostocker Straße und Parkentiner Straße bis Parkentin folgen, kurz nach der Dorfkirche links abbiegen, Fischereihof ausgeschildert | Öffnungszeiten Mi–Sa 9–18 Uhr, So 10–17 Uhr | Tipp Jedes Jahr am ersten Samstag im Mai findet in Schwaan traditionell der Heringsmarkt statt, zu dem die alteingesessene Schwaaner Fischwaren GmbH in der Niendorfer Chaussee 2 einlädt. Man kann dort frisch gebratenen Hering und andere Fischspezialitäten probieren.

26 Der Forst

Vielfältige Rostocker Heide

Das riesige Waldgebiet zwischen Rostock und Graal-Müritz ist der größte geschlossene Küstenwald. Hier treffen Meeres- und Waldklima auf endlose Natur und machen den Forst dadurch so wertvoll. Der mächtige Stadtfürst Borwin verhalf der Stadt im Jahr 1252 durch den Verkauf seines Landes zu diesem ungeheuren Schatz. Jagdgebiet, Holzreservoir, Torfabbau, Moorgraben, Landschaftsschutzgebiet und enorme Flächen zum Wandern, Radfahren oder einfach zum Erholen – all das gehört inzwischen zur Rostocker Heide. Dieses Erbe wird seit einiger Zeit vom mächtigen Stadtfürsten Borwin »bewacht«, der heute als 3,60 Meter hohe Skulptur auf dem Borwin-Parkplatz in Markgrafenheide steht.

Als Spuren der Vergangenheit sind noch Gedenksteine für ehemalige Förster oder Heimatforscher, alte Bunker, die heute Fledermäusen als Revier dienen, oder das Ostseeferienzentrum, in dem früher die Pioniere ein- und ausgingen, zu finden. Als die Armee zu DDR-Zeiten große Flächen nutzte, gab es vorübergehend keine Wanderkarten mehr. Militärrelikte sind inzwischen aber kaum noch da. Dafür aber »Wallensteins Lager«, eine Flur, auf der sich laut einer Sage Reste eines befestigten Lagers des bekannten Feldherrn befanden.

Ein 61 Kilometer langer Radweg führt kreuz und quer durch den Forst mit altem Baumbestand, abgeschiedenen Plätzen, Wiesen und Schilfgebieten. Durchzogen wird die Landschaft von Gräben und einzelnen Seen, in denen sich diverse Fischarten tummeln. Unendliche Farnteppiche sind zu sehen, aber auch Kraniche oder Seeadler. Einzelne Stellen erinnern noch ein wenig daran, dass es sich bei diesem Gelände einst um einen Urwald gehandelt hatte, der dann von Förstern, Jägern und Naturliebhabern zurechtgestutzt wurde. Hermann Friedrich Becker war einer der bekanntesten Förster der Gegend: Er zählt zu den Begründern einer systematischen Forstwirtschaft und führte hier ein Schneisensystem ein. Ein Stein erinnert an ihn.

Adresse Borwin-Parkplatz, Markgrafenheide, 18146 Rostock | Anfahrt über die L 12 nach Warnemünde, mit der Fähre übersetzen, dann Richtung Markgrafenheide; oder über die L 105 Richtung Rövershagen, links auf die L 221 und rechts oder links auf die L 22 | Tipp Uralte Eichen stehen in der Eichenallee am Moorgraben. Ihr Alter wird auf 200 bis 300 Jahre geschätzt, und die dickste hat einen Stammumfang von mehr als fünf Metern.

27 Das französische Eck

À votre façon

Nahe der Nikolaikirche und gar nicht weit voneinander entfernt liegen zwei Lokale, die französische Namen tragen. Im gemütlichen Café »A Rebours« gibt es vor allen Dingen tolle Torten, und in der Brasserie »Albert und Emile« werden auf hohem Niveau Menüs mit französischen und japanischen Einflüssen gekocht.

»A Rebours«, lautete der Titel eines Romans, der Ende des 19. Jahrhunderts für Furore sorgte. Mit dem Namen möchten Marion und Robert zum Ausdruck bringen, dass es in ihrem Lokal ein wenig anders zugeht. Ebenfalls anders, nämlich ganz besonders lecker und beliebt bei den Gästen, ist der »Mississipi Mud Pie«, ein gehaltvoller Traum mit viel Schokolade. Dieser Leckerbissen wird, so wie alle anderen Torten und Kuchen im Café, selbst gebacken. Im Lokal herrscht eine behagliche Atmosphäre, im Hintergrund läuft Jazzmusik. Wenn das Wetter schön ist, stehen auch draußen einige kleine Tische für die Gäste bereit. Und wer nicht so für Süßes ist: Es werden auch herzhafte Gerichte und guter Wein serviert.

Bei »Albert und Emile« geht es etwas vornehmer und wesentlich frankophiler zu: Dort gibt es wunderbare Menüs. Die verwendeten Produkte sind regional und saisonal, Chef Frank Reinshagen folgt mit seiner Küche den Slow-Food-Prinzipien. Beim Betreten des Restaurants fühlt man sich wirklich wie in einer französischen Brasserie. Der Fußboden besteht aus alten rustikalen Kacheln, an den Wänden sind dunkelrote Sitzbänke aufgereiht, und die Tische sind fein eingedeckt. An den weißen Rauputz-Mauern hängen Spiegel und schön gerahmte Kunstwerke. Auf einer Schiefertafel stehen die Gerichte des Tages. Und es sieht einfach köstlich aus, was da auf dem Teller liegt. Die Preise sind für Rostocker Verhältnisse gehoben, viele kommen hierher, wenn es etwas zu feiern gibt. Albert und Emile heißen übrigens zwei mit dem Chef befreundete Winzer aus St. Ferme nahe Bordeaux.

Adresse A Rebours, Wendländer Schilde 5, 18055 Rostock, Tel. 0381/1276216; Albert und Emile, Altschmiedestraße 28, 18055 Rostock, Tel. 0381/4934373, www.albert-emile.de | Anfahrt von der Grubenstraße links in »Am Wendländer Schilde« abbiegen und nahe der Nikolaikirche parken | Öffnungszeiten A Rebours: Mo, Di, Mi, Do 14–21 Uhr, Fr 14–23 Uhr, Sa 10–23 Uhr, So 10–18 Uhr, www.cafe-arebours.de; Albert und Emile: Do–Sa 19–21.30 Uhr, Mi und Fr Kantine 12–14 Uhr | Tipp Auf einem Bummel kann man wunderbar die schönen Häuser nahe der Nikolaikirche bewundern.

28 Der Freiraum

Bunte Vielfalt und viel Meer

Der Barnstorfer Weg in der Kröpeliner-Tor-Vorstadt zählt zu den schönsten Straßen Rostocks. Das liegt nicht so sehr an seinen historisch rekonstruierten Häusern oder den besonders sauberen Bürgersteigen. Die gibt's an anderen Orten auch. Es ist das Flair, das diesen Kiez besonders macht. Das bunte und vitale Ambiente, das wohl durch seine überwiegend jungen Bewohner entsteht. Darüber hinaus steuern dazu die vielen kleinen unterschiedlichen Läden und Geschäfte bei, die sich hier über die Jahre hinweg etabliert haben. Bei Herrn Koreander gibt es gebrauchte Bücher vieler Genres, hinter einem leuchtend-blauen Schaufenster verbirgt sich ein Blumenladen namens »Trend«, und bei »cosi« werden ausgesuchte Wohngegenstände und etwas Secondhandmode hübsch präsentiert. Kneipen und Cafés halten von morgens bis spät in die Nacht für Gäste ihre Türen geöffnet.

Dort, wo eine knallgrüne Bank draußen auf dem Gehweg steht, befindet sich ein Laden namens »Freiraum«. Möchte man von einem Tagesausflug oder dem Urlaub an der Ostsee ein Geschenk mitnehmen, das nach Meer aussieht, ist man hier am richtigen Ort. Es gibt kleine Klabautermänner, Eierwärmer in Quallengestalt, Seifen in Form von Muscheln. Stoffbeutel sind mit maritimen Motiven bedruckt und Postkarten mit Wassertieren, dem Meer, aber auch vielen anderen schönen Bildern, die man gern verschickt. Kunstdrucke können auf Nachfrage gerahmt werden.

Alles ist in solch einem liebevollen Durcheinander angeordnet, dass man sich ein bisschen wie auf einer Entdeckungsreise fühlt. Das Stöbern bereitet Spaß, und meist findet man etwas, das einem gefällt oder sich gut zum Verschenken eignet. Es wird viel Wert auf Qualität und Nachhaltigkeit gelegt. Der »Freiraum« existiert bereits seit 2006 und bezeichnet sich selbst als Gemischtwarenladen. Also auf in den Barnstorfer Weg, zu seinen vielfältigen Verlockungen und den gemischten Waren!

Adresse Barnstorfer Weg 6, 18057 Rostock, Tel. 0381/3644790, www.freiraum-rostock.de | **ÖPNV** mit der Straßenbahn 6 von der Station Steintor IHK bis Doberaner Platz, von dort weiter in Barnstorfer Weg | **Öffnungszeiten** Mo–Fr 10–19 Uhr, Sa 10–16 Uhr | **Tipp** Unter dem Label »Hafenjungs« entwerfen junge Rostocker sportliche Mode für die Waterkant. Verkauft wird hauptsächlich online, ein kleiner Shop befindet sich im Dock Inn (www.hafenjungsshop.de).

29 Die Genusswelt

Norddeutsche Spezialitäten

Souvenirläden gibt es einige in Warnemünde. Der Fokus der Genusswelt Warnemünde liegt auf besonderen Köstlichkeiten aus dem Norden, doch auch einige Leckerbissen aus anderen Regionen sowie eine Fülle an Geschenken zum Verzehr sind hier zu finden. Seit 2014 gibt es den Laden am Kirchplatz, der nicht nur wegen des breiten Angebots einen Besuch wert ist, sondern auch wegen des freundlichen und fachkundigen Personals. Den Mitarbeitern ist die Begeisterung für die bunte Palette an Produkten definitiv anzumerken.

Schon längst haben Thomas Witte und sein Team erkannt, dass es enorm wichtig ist, beim Verkaufen die Sinne der Kunden anzusprechen: Das Auge muss sich die Vielfalt zuerst erschließen, dann kann man sich die hübschen Verpackungen ansehen und nach individuellem Geschmack auswählen. Kleine Kostproben tun ihr Übriges. Wer ausgefallene Getränke mag, findet hier eine interessante Palette – von »Hoppen un Molt« bis hin zu heimischen Gin-Spezialitäten. Auch Liebhaber von Süßigkeiten und (Hobby-) Köche kommen zwischen diversen Essigen, Ölen, Aufstrichen, Senfsorten, Gewürzen und einer Menge anderer Besonderheiten auf ihre Kosten. Es macht Spaß, durch die Regale zu laufen und zu entdecken, wovon man womöglich bisher nur geträumt hat. Prosecco-Eierlikör-Creme, Essig-Pralinen, Mango-Chili-Dip, Marzipan- oder Schokoladen-Likör, »Kuss der Götter«-Tee, Hasen-Glück, Alter Schwede oder Absacker sind nur einige der kreativen Schöpfungen. Eigenkreationen wie Himbeer-Crispies oder der Joghurt »Johanna« gehören ebenfalls dazu. Neu ins Angebot kamen 2020 Rügener Nudeln.

Die Genusswelt kommt ursprünglich aus Schwerin. Einen weiteren Laden gibt es in Kühlungsborn. Und dazu noch einen Onlineshop. Das Geheimrezept des Ladens ist vermutlich die Mischung aus Produkten aus dem Norden, netten Mitarbeitern und dem positiven Feedback der Kunden.

Adresse Kirchenplatz 1, 18119 Warnemünde, Tel. 0171/3333667, E-Mail: Warnemuende@DieGenusswelt.com | Anfahrt auf der B 103 bis Warnemünde, dort links in Poststraße abbiegen und weiter auf den Kirchenplatz, hier Parkmöglichkeiten | Öffnungszeiten März–Okt. Mo–Fr 10–18 Uhr, Sa 9–18 Uhr, So 12–18 Uhr | Tipp Das LadenCafé Warnefornien liegt nicht weit entfernt in der Mühlenstraße und bietet neben Kaffee- und Eisspezialitäten auch wechselnde vegetarische Gerichte sowie diverse Kleidung und Accessoires für Meerliebhaber.

30 Der Gerberbruch

Riskantes Handwerk

Unweit der Rostocker Altstadt an der Warnow liegen einige Straßen, deren Namen auf frühere Berufsgruppen hinweisen. Es sind die sogenannten »Brüche« mit den folgenden charakteristischen Eigenschaften: feucht, sumpfig, flussnah und mit Wasserläufen versehen. Hier siedelten sich seit dem Mittelalter Fischer, Küter (Schlachter), Bleicher und Gerber an. Einerseits sollten sich die Gerüche, die mit ihrer Arbeit verbunden waren, vor den Stadttoren verbreiten, andererseits war gerade die Nähe zum Wasser für ihre Tätigkeiten hilfreich.

Der Gerberbruch ist eine der Straßen. Einige der Häuser haben außergewöhnliche Giebel, Dächer und Dachfenster, die vor allem beim Abzug der Dämpfe helfen sollten. Reges Treiben herrschte hier einst entlang des heute noch existierenden kleinen Kanals, auf dem jetzt zuweilen ein Boot schaukelt. Wasser brauchten die Gerber, um die Häute zu reinigen und eine sogenannte Lohe aus Holz und Rinde herzustellen, damit sie darin das Leder gerben und schließlich nach dem oft langwierigen Vorgang wieder waschen konnten. Zum Schluss wurden die Häute getrocknet. Ideal war die direkte Lage an der Warnow deshalb, weil die Arbeiter so mit Booten beliefert werden konnten. Den Gestank verbreitete die säuerlich riechende Lohe, die zudem gesundheitsschädigend war. Aber der Geruch konnte hier gut Richtung Warnow abziehen. Aus diesem Grund befanden sich auch im unteren Bereich des Bruchs die Werkstätten, während die Wohnhäuser der Familien im oberen Teil lagen. Die Gerber waren aufgrund ihrer schmutzigen und stinkenden Arbeit nicht immer gesellschaftlich anerkannt. In Rostock aber zeigten sich ihre Bedeutung und ihr Wohlstand an den Giebelhäusern.

Der Rostocker Gerberbruch ist eine der ältesten Handwerkerstraßen der Hansestadt. 1991 schloss die letzte Gerberei der Stadt, das Wandgemälde »Alte Gerberei« erinnert an die Vergangenheit.

Adresse 18055 Rostock | ÖPNV mit der Straßenbahn 1, 2, 3 oder 4 von der Station Steintor IHK bis Gerberbruch | Tipp Im oberen Teil des Gerberbruchs befindet sich Cado's Café und Crêperie.

31 Der Gespensterwald

Anziehende Spukgestalten

Ein Sommertag an der Ostsee. Am Nienhäger Gespensterwald leuchtet es grün, blau und goldgelb. Bäume ragen hoch in den Himmel und werfen dunkle Flecken auf das Gras. Sie stehen in einigem Abstand zueinander, sodass viel Raum für Licht und Schatten bleibt. Durch den Wald schimmert die Ostsee. Die Eichen, Hainbuchen, Buchen und Eschen sind zwischen 90 und 170 Jahre alt. So lange schon werden sie vom salzhaltigen Wind, von Stürmen und Unwetter geformt, dass die Kronen aussehen, als wollten sie fliehen. Deshalb werden sie auch »Windflüchter« genannt. Ein Rad- und Wanderweg verläuft hier entlang, der von Kühlungsborn bis nach Warnemünde führt. Menschen kommen zu Fuß oder mit dem Fahrrad. Dieser Ort ist einfach zu schön, um ihn ganz für sich allein zu haben.

Der Wald zieht sich bis unmittelbar an die Küstenlinie, die Wurzeln der Bäume ragen über die Kliffkante hinaus. An manchen Stellen sind Moosteppiche entstanden. Diese speichern Feuchtigkeit, worauf die Bäume angewiesen sind, weil der sandige Boden durch den ständigen Wind schnell austrocknet. Immer wieder weisen Schilder die Besucher darauf hin, nicht von den Wegen abzuweichen. Die meisten halten sich auch daran. Herabgefallene Bucheckern sollen die Möglichkeit haben, Wurzeln zu schlagen und zu neuen Bäumen heranzuwachsen. In den vergangenen Jahren hat auch der Gespensterwald unter den extremen Wetterschwankungen und der Trockenheit gelitten. Sind die Bäume erst angegriffen, werden sie anfällig für schädliche Insekten wie zum Beispiel den Borkenkäfer. Der Wald steht bereits seit 1943 unter Naturschutz.

Wenn es dann dämmert oder neblig wird, werden die Bäume mit ihren teils bizarr geformten Ästen zu märchenhaften Fabelwesen. Das regt seit jeher die Phantasie der Menschen an, und so entstand der Name »Gespensterwald«. Aber es sind harmlose Gespenster, und man wünscht sich, dass sie für immer hier bleiben.

Adresse 18211 Nienhagen | **Anfahrt** über die B 105 bis Admannshagen-Bargeshagen, dort über Lindenstraße bis Nienhagen, Parkplatz am Waldrand, von hier circa 10 Minuten Fußweg am Granitzbach entlang zur Steilküste | **Tipp** Seeluft macht hungrig. In Nienhagen in der Doberaner Straße 21 gibt es Räucherfisch (www.fischausdemrauch.de).

32 Die Grubenbäckerei

Klein, aber fein und traditionell

Vier wesentliche Dinge machen die Grubenbäckerei zu etwas Besonderem: Das Brot sieht anders aus, es schmeckt besser, es wird noch traditionell hergestellt, und der kleine Laden erinnert an vergangene Zeiten.

Früher gab es einige Bäckereien in Rostock, in denen noch richtig gebacken wurde. Heute ist in der Altstadt lediglich noch eine zu finden, in der des Nachts der Teig gewalkt und gerührt wird. Schon als Junge hat Bäckermeister Jens Mühlau hier geholfen. Er nennt sich selbst einen »Bäcker der alten Schule«, denn bei ihm wird noch alles traditionell hergestellt. Weder Fertigmischungen noch künstliche Geschmacksverstärker kommen in seinen Teig, und es wird noch richtig geknetet. Dabei spielen Erfahrung und Gefühl eine wichtige Rolle, damit man beispielsweise merkt, ob der Teig lange genug gerührt wurde oder das Spritzgebäck noch im Fett bleiben muss. Wie Brote am besten geknetet, geformt und gebacken werden, hat vor allem mit handwerklichem Können zu tun.

Der Backraum und die Bäckerei sind sehr klein, aber das Angebot findet in Rostock große Zustimmung. Zuweilen reicht die Warteschlange weit in die Grubenstraße hinein. Unzählige Bäckereien lassen heute in Großbetrieben backen, hier aber stehen noch echte Männer in der Backstube, bedienen den alten Hausmixer und schieben die Backbleche in den Ofen. Ein über 190 Jahre altes Exemplar ist darunter. Der Ofen ist aus dem Jahr 1899 und damit genauso alt wie die Bäckerei. Den Verkauf regeln die Damen, und sie bestimmen größtenteils auch, was gebacken werden muss. Langjährige Erfahrung und Kundenkontakt sind dabei äußerst hilfreich. Und die Kunden lieben den besonderen Geschmack der Brote und Backwaren, für die primär einheimische Rohstoffe verwendet werden. In Rostock gibt es nur noch wenige Handwerksbetriebe. Beim Bäcker liegt es womöglich an den Arbeitszeiten. Wer will schon an sechs Tagen in der Woche nachts aufstehen und arbeiten?

Adresse Grubenstraße 38, 18055 Rostock | **ÖPNV** mit der Straßenbahn 1 oder 5 von der Station Steintor IHK bis Neuer Markt, von dort circa 300 Meter | **Öffnungszeiten** Mo–Fr 6–18 Uhr, Sa 6–11 Uhr | **Tipp** Auch in der Bäckerei Mertins in Gehlsdorf wird noch frisch und selbst gebacken. Gleich neben dem Verkaufsladen in der Fährstraße 47 befindet sich die Backstube.

33 Das Gymnasium

Im Stil der Neuen Sachlichkeit

Beeindruckend ist das schlichte und gleichzeitig elegante Innerstädtische Gymnasium, auf dem schon der Schriftsteller Walter Kempowski oder der ehemalige Bundespräsident Joachim Gauck zur Schule gingen. Der Bau entstand nach den Plänen des Rostocker Stadtbaudirektors Gustav Wilhelm Berringer im Stil der Neuen Sachlichkeit. Berringer zeigte mit klaren Linien, Flachdach und anderen architektonischen Details seine Begeisterung für den Architekturstil, der sich vor allem durch seine zweckorientierte Bauweise auszeichnet. Hier setzte Berringer Backstein in Kombination mit weißen Flächen ein, die sich streifenartig über das Gebäude ziehen, ordnete alles in einer strengen Symmetrie an, verwendete Sprossenfenster, Riffelputz und schuf eine wunderbar erhaltene Treppe im Innenbereich. Diese und andere Details der alteingesessenen Schule geben Zeugnis von vergangenen Zeiten und haben in ihrer Wirkung bis heute kaum eingebüßt.

Das ehemalige Goethegymnasium zählte in Rostock neben dem Warnemünder Kurhaus und der Gewerbeschule zu den drei wichtigsten Gebäuden, die im Stil des Neuen Bauens entstanden. Das Gebäude des Gymnasiums, das ursprünglich für zwei Mädchenschulen konzipiert war, zieht sich u-förmig um einen Innenhof, ist durch Turnhallen verbunden und mit einem modernen flachen Dach versehen. Das erregte einige Jahre später den Unmut der Nationalsozialisten. Es war ihnen zu modern und zu undeutsch, sodass sie es durch ein Walmdach ersetzen ließen. Und Berringer wurde von seinem Posten als Stadtbaudirektor abgesetzt. Viele Jahre trug das Gymnasium das »deutschere« Dach, bis es schließlich im Jahr 2008 komplett saniert und wieder in den Originalzustand zurückversetzt wurde.

In seiner Funktion als Stadtbaudirektor schuf Berringer auch neue Wohnanlagen in der Parkstraße, der Detharding- und der Maßmannstraße – ebenfalls im Stil der Moderne und mit klarer Linienführung.

Adresse Goethestraße 5, 18055 Rostock | **ÖPNV** mit der Straßenbahn 5 oder 6 von der Station Steintor IHK bis Hauptbahnhof und von dort zur Goethestraße | **Tipp** Auch das Krematorium auf dem Neuen Friedhof wurde von Berringer entworfen. Und das Flachdach wurde ebenso durch ein Walmdach ersetzt.

34 Der Handabdruck

Wall of Fame

Leuchtend blau ist der Gipsabdruck einer Hand, die sich im Außenbereich des Rostocker Volkstheaters an der Mauer befindet. Daneben die Initialen »DJ« und die Jahreszahl 78. Wer weiß, was sich dahinter versteckt, findet das logisch. Denn wer, wenn nicht der Architekt, der verantwortlich für die Rekonstruktion des Hauses und die Neuanlage des Außenbereiches war, sollte sich wohl sonst hier verewigt haben? Wären es die Schauspieler gewesen, müssten hier einige Abdrücke mehr zu sehen sein. »DJ« steht für den Architekten Dieter Jastram, der zu einer künstlerisch bedeutenden Familie der Stadt gehört. Sein Bruder war der Bildhauer Jo Jastram, Thomas Jastram, der ebenfalls Bildhauer wurde, ist sein Sohn. Von ihm stammt das Fritz-Reuter-Denkmal in Evershagen.

Dieter Jastram dagegen schuf mit dem Umbau und der Erweiterung des Volkstheaters von 1976 bis 1978 ein modernes Gebäude, das vor allem durch die Außenanlagen besticht. Bei der Planung war entscheidend, dass das Gefälle zwischen Doberaner Straße und Theater, das insgesamt 7,4 Meter beträgt, sinnvoll genutzt und ansprechend gestaltet wird. Dieter Jastram überzeugte die Stadt schließlich davon, auch das bisher ungenutzte Grundstück in die Planungen mit einzubeziehen.

So entwarf er Treppen, Mauern, Beete und ein Café. Er verwendete überwiegend Beton und erregte damit Unmut und Gegenwehr. Doch als er die wesentlich höheren Kosten für Naturstein oder andere Materialien darlegte, störten sich nur noch wenige an dem inzwischen weiß getünchten und dadurch wesentlich freundlicher wirkenden Baustoff.

Seine Hand als Markenzeichen darauf zurückzulassen war eigentlich als Gag gedacht. Dadurch weiß jeder, der die Initialen deuten kann, dass es sich um den Abdruck des Architekten, Bauingenieurs und Zimmermanns handelt, dessen Handschrift in der Hansestadt noch manch andere Gebäude tragen und trugen.

Adresse Volkstheater Rostock, Doberaner Straße 135, 18057 Rostock, Tel. 0381/3814700 | ÖPNV mit der Straßenbahn 1 oder 5 von der Station Steintor IHK bis Volkstheater | Tipp In der Doberaner Straße 108 gibt es seit 1978 eine sehenswerte Drogerie. Mit Geschenken, Schmuck und Naturkosmetik auf knapp 30 Quadratmetern macht sie ihrem Namen »Die kleine Drogerie« alle Ehre.

35 Die Hartestraße

Auf Entdeckungstour in der Östlichen Altstadt

Beim Spaziergang durch die Straßen der Östlichen Altstadt lassen sich viele schöne Gebäude entdecken. Auch in der Hartestraße stößt man auf architektonisch interessante Besonderheiten. Schon ihr Name bildet in der Rostocker Altstadt eine Seltenheit. Er ist nämlich der einzige, der sich auf Personen bezieht. Eine Patrizierfamilie namens Hart genoss während des Mittelalters hohes Ansehen und verlieh der Straße ihren Namen. Während der mehrtägigen Bombardements im Zweiten Weltkrieg blieb sie einigermaßen verschont.

Einige Fassaden weisen Architekturformen auf, die für Rostocker Bürgerhäuser des ausgehenden 18. und beginnenden 19. Jahrhunderts charakteristisch sind. Fünf Häuser in der kurzen Straße stehen unter Denkmalschutz. Zu erwähnen sind die beiden Gebäude in der Nummer 8 und 9. Mit ihren hübschen Giebeln, den schönen Eingangstüren und einigen Verzierungen fallen sie ins Auge.

Besondere Aufmerksamkeit verdient das Haus mit der Nummer 27. Das stattliche Gebäude blickt auf eine lange Geschichte zurück, seine Ursprünge liegen im 16. Jahrhundert. Errichtet als Wohn- und Speicherhaus, hatte die dort wohnende Familie über lange Zeit auch das Braurecht inne. Zwischen 1804 und 1809 ließ der Kaufmann und Bürgermeister Joachim Daniel Koch, dem es zu dieser Zeit gehörte, die Fassade im klassizistischen Stil umgestalten und mit einem schlichten Segmentgiebel und Gesimsen über einigen Fenstern und der schönen Eingangstür versehen. Das Haus gleich nebenan in der Nummer 26 stammt aus der zweiten Hälfte des 19. Jahrhunderts. Dort unterteilen Pilaster die Fassade, über der ein Dreiecksgiebel thront. Der heutige Anstrich unterstützt die Pracht. An der Hauswand schräg gegenüber ist in einer Wandnische die Figur eines Seemanns, der die Netze einholt, zu sehen. Und am Haus links daneben kann man noch nachlesen, welche Geschäfte sich hier früher befanden.

Adresse 18055 Rostock | ÖPNV mit der Straßenbahn 1 oder 4 ab Steintor IHK bis Neuer Markt | Tipp In der Altschmiedestraße oder am Alten Markt steht ebenfalls eine Reihe von Gebäuden unter Denkmalschutz. Und in der Pferdestraße befindet sich die kleine Galerie »le garage«.

36 Das Haus Balgé

Kleines Juwel mit Geschichte

Hier schlägt der Puls der Stadt: Seit 1968 ist die Kröpeliner Straße Fußgängerzone. Damit zählte sie zu einer der ersten in der DDR. Damals wurden die Straßenbahngleise in die benachbarte Lange Straße verlegt. Rostocks Bummelmeile wird gesäumt von einer ganzen Reihe historisch wertvoller Gebäude mit schönen Giebeln und bunten Fassaden.

Ein kurioses Kleinod ist in der Kröpeliner Straße 19 zu entdecken. Als Wohn- und Geschäftshaus ist das Gebäude auf der Denkmalliste der Stadt eingetragen. Klassizistische Elemente prägen den ersten Eindruck, blickt man die Fassade hinauf. Ein wenig seltsam erscheint der Giebel, der mit Metall verkleidet ist. Vor langer Zeit verlief dort oben noch eine Fensterreihe, und die heutige Form und das Material fügen sich nicht so recht in die übrige Architektur.

Überraschend aber ist der Eingangsbereich: Haustür, Seitenwände und die Decke sind im schönsten Art-déco-Stil gestaltet. Unten im Fußboden ist noch der Name des Geschäftes zu lesen, das sich jahrzehntelang an diesem Ort befand. 1890 erwarb der Kaufmann Hermann Balgé das Haus am Hopfenmarkt, wie die Straße seinerzeit noch hieß. Hier wurden Hüte, Mützen und Pelzwaren angeboten. Später übernahm sein Sohn Franz den Familienbetrieb und erweiterte das Sortiment um Sportartikel. Damit war er äußerst erfolgreich.

Der Unternehmer, der sich in seiner Freizeit fürs Campen in der freien Natur begeisterte, kam als Erster auf die Idee, in Rostock Wohnwagen zu verkaufen. Arist Dethleffs hatte 1931 im Allgäu den ersten Caravan erfunden. 1937 holte Franz Balgé das »Wohnauto« in die Hansestadt und stellte es vor seinem Ladengeschäft auf. Viele Neugierige kamen, um das merkwürdige Gefährt zu beäugen. Aus manchen Schaulustigen wurden auch Käufer. Mit dem Ausbruch des Krieges war es damit vorüber, der Wohnwagen wurde für militärische Zwecke konfisziert, und Franz Balgé sah ihn nie wieder.

Adresse Kröpeliner Straße 19, 18055 Rostock | Anfahrt auf der Langen Straße oder im dortigen City-Parkhaus parken und zu Fuß durch die Faule Grube in die Kröpeliner Straße | Tipp Im Kröpeliner Tor befindet sich die Geschichtswerkstatt Rostock. Hier werden Ausstellungen, Stadtrundgänge und vieles mehr organisiert.

37 Der heilige Christophorus

Helfer in der Not

Riesig, zugleich aber auch rührend wirkt die Heiligenfigur in der Warnemünder Kirche, die um 1500 entstand. Es ist die Figur des Christophorus, und sie misst 3,72 Meter.

Unübersehbar steht der Heilige neben dem Altarraum, mit seinem langen Stab, einem goldenen Gewand mit bunt verzierten Ärmelsäumen, blauem Stirn- und Kopfband und dem Christuskind auf seiner Schulter. Er soll es durch das Wasser getragen und sicher ans andere Ufer gebracht haben. Dafür wird Christophorus als Heiliger und Märtyrer verehrt. Die komplette Legende ist neben der Figur zu lesen.

Christophorus gilt bis heute als Helfer der Reisenden und Seefahrer in Not, als Schutzpatron der Fahrer und ihrer Fahrzeuge, der Buchbinder, Pförtner und Bleicher, als Nothelfer bei unvorhersehbaren Katastrophen und verschiedenen anderen Gefahren. Kein Wunder also, dass die wunderschöne Figur in Warnemünde ihren Platz gefunden hat. Vermutlich haben schon unzählige Seefahrer, Kapitäne und Daheimgebliebene hier seinen Schutz erbeten.

Wenngleich die Kirche in ihrer heutigen Form und Größe erst im 19. Jahrhundert erbaut wurde, stand der aus Eichenholz geschnitzte Christophorus bereits in der Vorgängerkirche am Alten Strom.

Die Warnemünder Kirche ist ein überraschendes Bauwerk, denn kaum ein Besucher würde hinter der neogotischen Fassade Kunstwerke vergangener Jahrhunderte erwarten: Da sind zum Beispiel der gotische Altar und eine Kanzel aus der Renaissance. Ein altes Uhrwerk ist im Nordflügel zu sehen. Links neben dem Ausgang finden sich die sogenannten Hausmarken, mit denen früher die Fischer und Seeleute ihren Besitz kennzeichneten. Diese waren an den Häusern und an persönlichen Utensilien angebracht, aber auch ein eigener Sitzplatz in der Kirche wurde damit markiert. Sie stammen wahrscheinlich aus dem 15. Jahrhundert und wurden beim Abriss der alten Kirche entdeckt und bewahrt.

Adresse Evangelisch-Lutherische Kirchgemeinde, Kirchenplatz 1, 18119 Warnemünde | **Anfahrt** der B 103 bis Warnemünde folgen, dort links in die Poststraße abbiegen und weiter auf den Kirchenplatz | **Tipp** In der Lesehalle am Kurpark befindet sich ein kleiner Ableger der Stadtbibliothek.

38 Die Hinterreihe

Von Veranden und Tüschen

Bis zum Anfang des 19. Jahrhunderts bestand das beschauliche Warnemünde gerade mal aus zwei Straßen: der Vorderreihe oder »Vörderegg« direkt an der Warnow und parallel dazu der Hinterreihe oder »Achteregg«, die heute Alexandrinenstraße heißt und zu den schönsten Straßen des Ortes zählt. Als sich ab Anfang des 17. Jahrhunderts immer mehr Seeleute in Warnemünde niederließen, bauten sie ihre Häuser dicht aneinander – mit dem Eingang der Warnow zugewandt – zuerst in der Straße »Am Strom«. Als die Vorderreihe voll war, wurde die nächste Reihe eröffnet, und die Alexandrinenstraße entstand. Der Name geht zurück auf die preußische Prinzessin Alexandrine (1803–1892), die mit dem Erbgroßherzog Paul Friedrich von Mecklenburg verheiratet war. Sie wiederum war das Patenkind von Zar Alexander I. von Russland und erhielt die weibliche Form seines Namens.

In den kleinen Häusern der Alexandrinenstraße lebten Fischer, Seeleute und Kapitäne nebeneinander ihr damals sehr beschauliches Leben. Das spürt man noch heute bei einem Gang durch die Straße, in der die Veranden und Tüschen, die sich zwischen den einzelnen Häusern befinden, auffallen. Es handelt sich dabei um kleine Durchgänge, die sehr schmal – häufig weniger als einen Meter breit – sind und in den Hof führen, aber auch bei Feuergefahr als sogenannter Brandgang dienten und verhinderten, dass das Feuer übergreifen konnte. Die Veranden und Wintergärten mit ihren hübschen Fenstern und Sprossen geben der Straße etwas Puppenstubenhaftes.

Dort, wo früher Seeleute mit ihren Familien lebten, sind heute vor allem Cafés, Läden und Pensionen zu finden. Als Anfang des 19. Jahrhunderts immer mehr Menschen zur Kur ans Meer fuhren, entwickelte sich auch in Warnemünde eine Bäderkultur, und die Gästezahl stieg immer weiter an. Die kleinen, malerischen Häuser haben dennoch bis heute ihren eigenen Charme und Charakter bewahrt.

Adresse Alexandrinenstraße, 18119 Warnemünde | Anfahrt in der Poststraße links abbiegen, am Ende rechts in Kirchenplatz, hier parken und einige Schritte zu Fuß weiter | Tipp 2019 eröffnete in der Alexandrinenstraße 34 der Laden »Schiemannsgarn«, in dem es alles Mögliche gibt, mit dem man es sich zu Hause gemütlich und schön machen kann.

39 Das Hof-Idyll

Kleinod mitten in der Stadt

»Hof-Idyll« nennt sich ein Apartmenthaus mitten in der Stadt, und diese Bezeichnung trifft es ziemlich genau. Der Heiligengeisthof liegt nur wenige Schritte von der Marienkirche und der Eselföterstraße entfernt und ist tatsächlich ein beschaulicher Ort. Es handelt sich dabei um die Überreste des ehemaligen Heiliggeisthospitals, das sich ab dem 13. Jahrhundert rund um den Platz angesiedelt hatte. Die Hinterlassenschaften der einstigen Anlage für Kranke und Pflegebedürftige darf man heute als freundliche, liebevoll gepflegte Oase bezeichnen. Das Hof-Idyll ist nur ein Gebäude davon.

Zum ehemaligen Hospital gehörten neben einer Kirche, zwei Höfen und den Häusern von Pfarrer, Küster und Hospitalverwaltung auch einige schlichte Traufhäuser (anders als bei Giebelhäusern liegen hier Giebel, Traufe und Dachrinne parallel zur Straße), beispielsweise die Nummer 45, in der sich heute eine Galerie befindet. Auch in der Eselföterstraße 20 bis 22 sind noch drei Traufhäuser zu sehen, die ebenfalls einen Bestandteil des Hospitalensembles bildeten.

Besonders hübsch renoviert ist die ehemalige Hospitalverwaltung am Heiligengeisthof 42. Die Heiliggeistkirche wurde 1818 abgerissen, ist aber heute noch auf der berühmten Vicke-Schorler-Rolle zu sehen. Diese über 18 Meter lange Zeichnung zeigt Rostock und seine Umgebung. Sie wurde von einem Rostocker Krämer namens Vicke Schorler erstellt und nach acht Jahren detaillierter Arbeit im Jahr 1586 fertiggestellt.

Der Heiligengeisthof war einer der beiden Wirtschaftshöfe und vergegenwärtigt, dass Rostock im Mittelalter wesentlich kleiner und enger bebaut war. Auch der Pferdebrunnen im Hof erinnert an vergangene Zeiten, als Pferde oder Hunde dort ihren Durst stillten, während ihre Halter in den umliegenden Gasthäusern einkehrten. Wer im Hof-Idyll gastiert und auf der Bank vor dem Apartmenthaus Platz nimmt, wird sich daran vielleicht erinnern.

Adresse Heiligengeisthof 16, 18055 Rostock, Tel. 0172/3001103 | **Anfahrt** auf der Langen Straße parken und zu Fuß an der Marienkirche vorbei zum Heiligengeisthof | **Tipp** Zur nahen Marienkirche gehört ein gemütliches Café. Im »Marientreff« bekommt man selbst gebackenen Kuchen mit Kaffee und anderen Getränken. Zuweilen finden auch Lesungen statt (Mo–Sa 11.30–17.30 Uhr).

40 Hoppen un Molt

Hier sind Hopfen und Malz nicht verloren

Die Flaschen sehen schön aus. Seit Kurzem hat Hoppen un Molt auch ein Ladengeschäft. Dort kann man unter den verschiedenen Sorten auswählen. Das Bier wird in Ein- oder Zwei-Liter-Mehrwegflaschen abgefüllt, ganz so wie früher im Schankraum. Dunkles Rauchweizen, India Pale Ale, aber auch Weizen und heller Bock sind zu haben. Wichtig ist, dass es zischt. Aus fünf Zapfhähnen sprudelt der Gerstensaft, es soll immer wieder neue, auch saisonale Bierkreationen geben.

Man mag sich wundern, aber bei Hoppen un Molt handelt es sich um die erste Brauerei in Warnemünde. Henry Gidom ist eigentlich Historiker und arbeitet im Rostocker Verlag Hinstorff, seine Frau Sylvia Joeck ist Projektleiterin in einer Werbeagentur. Das Bierbrauen ist also nur ein Hobby, das allerdings mittlerweile viel Zeit in Anspruch nimmt. Rat fürs Steckenpferd holte Henry Gidom sich bei anderen Produzenten, er las viel in Büchern nach und probierte dann einfach selbst aus. Interessiert hat ihn das Thema aber schon lange, er schrieb bereits seine Diplomarbeit darüber.

Neugierige Touristen, die gern ein regionales Bier probieren möchten, sorgen bei Hoppen un Molt für den guten Umsatz. Urlaub scheint die Lust am Experimentieren anzuregen. Einheimische tendieren meist zu lang erprobten Sorten. Die kleine Brauerei liegt mit ihrer Idee im Trend. Überall erobern kleine Biermanufakturen den Markt. Ausgefallene Sorten und phantasievolle Rezepte regen viele Biertrinker dazu an, es auch mal mit etwas Neuem zu probieren. Gefachsimpelt wird wie beim Verkosten von Weinen. Textur und Bouquet, herb, fruchtig oder malzbetont. So ein Bier, das nicht von der Stange kommt, hat natürlich auch seinen Preis. Da ist »Qualität statt Quantität« die Devise. Seit Kurzem wird bei Hoppen un Molt auch ein Bierbrand hergestellt. Die zum Teil wirklich tollen Flaschenetiketten kann man übrigens im eigenen Onlineshop bestellen.

Adresse Alexandrinenstraße 49, 18119 Warnemünde, www.hoppen-molt.de | Anfahrt in der Poststraße links abbiegen, am Ende rechts in Kirchenplatz, hier parken und etwa 200 Meter zu Fuß weiter | Öffnungszeiten siehe Webseite | Tipp Alle zwei Stunden entsteht durch die aus Dänemark kommenden Fähren eine Bugwelle, die in der Mecklenburger Wellenreiterszene als Geheimtipp gilt (www.supremesurf.de).

41 Das Hotel Neptun

Schon immer anders

Das Beste am Hotel Neptun sind seine Geschichten und der Blick aufs Meer. Hier machten Stasi-Größen Urlaub, aber auch westdeutsche Politiker und unzählige andere Prominente waren zu Gast. Eine Fotogalerie vor der Panorama-Bar in der 19. Etage, die außerdem einen wunderbaren Blick auf das Ostseebad bietet (und deren Dach geöffnet werden kann), zeigt die Prominentenriege. 1971 wurde das Prestigehotel eröffnet, vor allem um Devisen zu beschaffen. Es dauerte aber nicht lange, bis auch FDGB-Urlaubern das Hotel zur Verfügung stand – ausgewählt nach sozialistischen Kriterien. Hier entstanden Kontakte zwischen Ost- und Westdeutschen, der Schwarzhandel blühte, und eine eigene Hotel-Währung wurde eingeführt. Im Neptun war immer etwas los, und Neuigkeiten und Gerüchte über Promis und Partys drangen bald nach außen.

»Stasi-Hotel« nannte es der Volksmund, denn schnell war klar, dass es eng mit dem Geheimdienst der DDR verbunden und die Stasi Dauergast war. Wenngleich immer noch nicht geklärt ist, wie die Überwachung genau funktionierte, hatte es den Ruf, »verwanzt« zu sein. Die Gäste wurden überwacht, wie beispielsweise Uwe Barschel, der in Urlaubslaune Runden geschmissen hatte und erst später erfuhr, dass die meisten der von ihm Eingeladenen zur Stasi gehörten.

250 inoffizielle Mitarbeiter sollen hier gearbeitet haben. Wenngleich sich nach der Wende einiges änderte, blieben die Führungskräfte dem Hotel noch lange erhalten.

Ebenso wie dubiose Geschichten und ungeklärte Verstrickungen, aber auch die damals äußerst spektakuläre Hotel-Einrichtung: die bis heute fast unveränderte »Grillstube-Broiler«, die erste Diskothek der DDR, die Sky-Bar, die »Neptun Welt« oder der Meerwasser-Pool. Weiterhin schwebt ein wenig Ostalgie über diesem Fünf-Sterne-Hotel. Es mag an dem Bau, der Einrichtung oder dem Ambiente liegen, vor allem aber sicher an seiner Vergangenheit.

Adresse Seestraße 19, 18119 Warnemünde, Tel. 0381/77700, www.hotel-neptun.de | Anfahrt von der B 103 kommend links in Richard-Wagner-Straße abbiegen, hier am Ende rechts und gleich wieder links auf Kurhausstraße | Tipp Das »Deck 9« (Zum Zollamt 8) ist ein Bistro, das aus einer Schnapsidee dreier Freunde während einer Kreuzfahrt entstand. Von Frühstück bis Sundowner gibt es hier einiges – bei gutem Wetter auf der großen Dachterrasse.

42 Das IGA-Gelände

Sehenswert und vielfältig

Auch wenn die Internationale Gartenausstellung in Rostock schon einige Jahre zurückliegt und die nächste erst für 2025 in Planung ist, hat das Gelände, das dafür vor bald 20 Jahren geschaffen wurde, einiges zu bieten. Erstens liegt es direkt an der Warnow, zweitens gibt es hier Informationen zu Begriffen aus der Schifffahrt, die nur die wenigsten kennen, drittens entstand hier ein Weidendom, viertens liegt hier eines der größten Museumsschiffe, fünftens gibt es einen Schiffbauplatz und sechstens noch einiges mehr.

Hier erfährt man, das sich hinter einem Göpel eine Drehvorrichtung verbirgt, die der Kraftübertragung im Schiffbau dient, um Wasserfahrzeuge an Land zu ziehen oder auch kurz zum »Aufslippen«. Ebenso dient die Spill zum Aufslippen oder zum Krängen von Booten und kleinen Schiffen. Letzteres meint, die Boote in die Schräglage zu bringen. Das Traditionsschiff »Typ Frieden« liegt hier, und das Jugendschiff »Likedeeler«. Auf dem Schiffbauplatz, der normalerweise von Mittwoch bis Sonntag für Neugierige geöffnet hat, wird in der Schiffszimmermannswerkstatt gewerkelt, oder es tut sich etwas auf der Reeperbahn, der Schmiede oder im Dampfkasten. Hier werden live kleinere Fahrzeuge repariert. Zur Ausstellung gehören außerdem ein altes Pförtnerhäuschen der Neptun Werft, ein Molenfeuer, ein Leuchtturm von der Westmole und ein alter Kran.

Die wenigsten dürften auch schon mal durch einen Weidendom gelustwandelt sein. Der ökumenische Weidendom in Schmarl war schon im Vorfeld der IGA gebaut worden und galt damals mit seinen 15 Meter Höhe und 52 Meter Länge als größtes lebendes Bauwerk weltweit.

Zudem sind auf dem rund 100 Hektar großen Gelände diverse Gärten zu sehen. Die Lage und Atmosphäre direkt am Fluss machen den besonderen Reiz aus. Ein perfekter Ort, der kostenfrei zu besichtigen ist und schon 2003 für großen Andrang sorgte.

Adresse IGA-Park, Schmarl Dorf 40, 18106 Rostock | Anfahrt über die B 103 bis Lütten Klein, dort auf die B 105, an der ersten großen Kreuzung links abbiegen und dann in die erste Straße rechts auf »Schmarl Dorf« abbiegen | Öffnungszeiten April–Okt. täglich außer Mo 10–23 Uhr, Nov.–März täglich außer Mo 10–18 Uhr (geänderte Öffnungszeiten bei besonderen Veranstaltungen) | Tipp Auf dem Museumsschiff gibt es jetzt auch Übernachtungsmöglichkeiten in einem Schlafcube. Der nennt sich Sleeperoo und liegt direkt auf dem Deck (www.sleeperoo.de).

43 Die Imbisse

Fischbrötchen muss sein

Fischbrötchen gehören zu Rostock wie die Currywurst zu Berlin. In Warnemünde reiht sich am Alten Strom Fischkutter an Fischkutter. Im Zentrum lohnt sich ein Gang entlang des Stadthafens, an dem tagein, tagaus leckere Meerestiere angeboten werden. Ein kleiner Schnack inbegriffen, sorgt ihr Verzehr für sättigende Zufriedenheit und gehört zum Hafenbesuch dazu. Im Vergleich zu anderen Fast-Food-Produkten ist ein Fischbrötchen ja sehr gesund. Das im Fisch enthaltene Eiweiß, die Mineralstoffe und Omega-3-Fettsäuren wirken sich positiv auf den Cholesterinspiegel und das Herz-Kreislauf-System aus. Natürlich gibt es auch Varianten wie Backfisch oder andere panierte Fische in Kombination mit köstlicher Remoulade, die im Hinblick auf den Kaloriengehalt durchaus mit Burger oder Döner mithalten können. Die Fischbrötchen sind aber ernährungsphysiologisch besser. Also auf jeden Fall nicht verpassen! Die erste Bude befindet sich gleich an den alten Getreidespeichern und ist genau genommen ein Kutter, der an kälteren Tagen auch was zum Aufwärmen im Angebot hat. Kurz hinter dem Restaurant Borwin liegen weitere empfehlenswerte Buden. Um dort hinzukommen, muss man nur die Warnow entlanglaufen.

In der Fußgängerzone gibt es die Fischbrötchen zum Beispiel bei »Beißzeit« – einem Stand auf Rädern. Armin Steibli heißt der Gründer, der direkt von seinem Lastenfahrrad aus Fisch verkauft und seine Produkte aus Mecklenburger Fischmanufakturen bekommt. Ob Bismarckhering, Müritzhecht, Kräutermatjes, Strömling oder Lachs – alle diese Köstlichkeiten sind bei ihm zu haben. Und das auch auf dem Universitätsplatz oder im Sommer im Rost Dock am Stadthafen.

Und sollte es draußen ungemütlich sein, regnen, stürmen oder schneien, gibt es eine Alternative im Erdgeschoss des Rostocker Hofs. »Portola« hat diverse frische Fischspezialitäten im Angebot. Vom Rostocker Fischmarkt ganz zu schweigen.

Adresse Kempowski-Ufer, Universitätsplatz, 18055 Rostock | **ÖPNV** mit der Straßenbahn 1 oder 4 von der Station Steintor IHK bis Neuer Markt, von hier circa 800 Meter zu Fuß | **Tipp** Wer keinen Fisch mag, der kann stattdessen Meerestiere aus Schokolade in der Schokoladerie de Prie genießen oder mit nach Hause nehmen (Kröpeliner Tor Center und am Warnowufer 59).

44 Das Jagdschloss

Abgeschiedene Residenz

Dunkle getäfelte Räume, freundliche, in Hellblau und Weiß gehaltene Zimmer, Fotos der Bewohner, Koffer, Waschtische, Möbel, riesige Kamine, Kassettendecken, Buntglasfenster, Aufzüge, Wendeltreppen, Öfen, Kostüme, Jagdtrophäen an den Wänden und unzählige andere Dinge aus dem letzten Jahrhundert – so präsentiert sich das Jagdschloss Gelbensande.

Ein kleines Idyll war es für seine einstigen Bewohner. Gut versteckt liegt es in der Rostocker Heide und kam fast ohne Schaden durch das letzte Jahrhundert. Hier erholte sich die großherzogliche Familie von ihren öffentlichen Verpflichtungen oder von gesundheitlichen Beschwerden. Die Sommerresidenz war für Friedrich Franz III. und seine junge Frau Anastasia, eine Enkelin des russischen Zaren, vom Architekten Gotthilf Ludwig Möckel erbaut worden. Der Großherzog litt an Asthma und einer Herzschwäche und konnte sich in dem Wald- und Meeresklima auskurieren. Anastasia freute sich, in Gelbensande den Pflichten des Schweriner Hofs zu entkommen. Da ihr Vater den Bau finanziell unterstützt hatte, finden sich an dem im englischen Landhausstil erbauten Haus auch einige russische Stilelemente. Bis heute sind die meisten Details erhalten – selbst die alte Badewanne oder zwei Jagdtrophäen von Friedrich Franz III.

Obwohl der Hausherr schon 1897 starb, verließ Anastasia erst mit dem Ausbruch des Ersten Weltkrieges ihr friedliches Domizil. Das Schloss blieb in Familienbesitz, und ihr Enkel Christian Ludwig bewohnte es bis 1944. Dann zog ein Krankenhaus in die Räume ein – was sich letztendlich als Rettung für das Gebäude erwies. Der diensthabende Kommandeur warnte vor Seuchen, erklärte es zum russischen Kulturgut und verhinderte so Plünderungen. Inzwischen kümmert sich ein Förderverein um den Fortbestand des Hauses. Neben vielen persönlichen Stücken ist auch die Entstehung des Bauwerks mit den Bauzeichnungen des Architekten zu sehen.

Adresse Am Schloss 1, 18182 Gelbensande, Tel. 038201/475 | Anfahrt über die B 105 in circa 20 Minuten nach Gelbensande, dort ausgeschildert | Öffnungszeiten ganzjährig täglich, Mai–Okt. 10–17 Uhr, Nov.–April 11–16 Uhr | Tipp Am nördlichen Ortsrand von Gelbensande baute sich die Reederfamilie Cords ihre »Cordssche Villa«.

45 Das Jugendschiff

Seemannsleben hautnah

Klaus Störtebeker war ein sagenumwobener Seeräuber, der sein Unwesen entlang der Nord- und Ostseeküste trieb. Mit seinen Piraten, die ihn auf seinen Fahrten begleiteten, teilte er seine Beute aber immer zu gleichen Teilen. So entstand im Volksmund der Name »Likedeeler«. Die Bezeichnung kommt aus dem Niederdeutschen und setzt sich aus »Like« für »gleich« und »deel« für »teilen« zusammen. So wie die Piraten bei Störtebeker sollen auch die Jugendlichen auf dem Schiff an der Warnow gleichberechtigt sein.

Die »Likedeeler« ist einerseits ein schwimmendes Schullandheim, andererseits gibt es fortlaufend Angebote für Kinder- und Jugendliche ab zehn Jahre auch ohne Aufenthalt. Die wichtigste Bedingung ist, dass die Kinder schwimmen können. Natürlich stehen maritime Aufgaben im Vordergrund.

Der ehemalige Frachter liegt an der Unterwarnow in Schmarl auf dem ehemaligen IGA-Gelände. 1962 verließ das Schiff die Neptun Werft als »MS Condor«, bis es zum Jugendschiff und schwimmenden Schullandheim umfunktioniert wurde. Nach der Wende wurde 1991 ein Verein gegründet, um das Schiff als Jugendschiff, Freizeitheim und Tagungsstätte zu erhalten. Die alte Tradition des Likedeelers sollte wiederbelebt werden.

Das Schiff bietet bis zu 55 Kindern die Möglichkeit, das Leben auf See hautnah zu erleben und mit diversen Themen rund ums Wasser vertraut zu werden. In Kojen können sie übernachten, das Essen in der Kombüse vorbereiten, die wichtigsten Grundbegriffe der Seefahrt erlernen, Knoten wie Stopperstek oder Klampe ausprobieren, segeln, rudern oder ein Boot lenken. Externe bekommen ein Gefühl für das Leben an der Küste. Da es bisher das einzige Schullandheim auf einem Schiff ist, kommen die Übernachtungsgäste aus der gesamten Bundesrepublik. Einige haben schon lange den Traum von der Seefahrt, andere sind vielleicht so begeistert, dass sie fortan davon träumen.

Adresse Likedeeler Jugendschiff, Schmarl Dorf 20, 18106 Rostock, E-Mail: kontakt@likedeeler-rostock.de | **Anfahrt** über die B 103 bis Lütten Klein, dort auf die B 105, an der ersten großen Kreuzung links abbiegen und dann die erste Straße rechts auf »Schmarl Dorf« abbiegen | **Tipp** In der Ehm-Welk-Straße 23 in Evershagen gibt es schon seit vielen Jahren den Jugendclub Pablo Neruda – ebenfalls mit einem breiten Angebot für junge Menschen.

46 Die Kapelle

Die Manns sind einfach überall

Denkt man an die berühmte Schriftstellerfamilie Mann, fällt einem die Stadt Lübeck ein. Doch auch in Rostock hat ein Zweig der Familie seine Spuren hinterlassen. Dort, wo heute am Neuen Markt das Postgebäude steht, befand sich früher das Stammhaus der hier ansässigen Manns. August Friedrich Mann war der Onkel des bedeutenden Schriftstellers, er stiftete der Marienkirche ein großes und prächtiges Glasfenster, das häufig als »Mann'sches Fenster« bezeichnet wird. Das war im Jahr 1896, im selben Jahr, in dem Thomas Mann mit der Niederschrift seines viele Jahre später mit dem Nobelpreis prämierten ersten Romans »Die Buddenbrooks« begann.

Das Glasfenster im Rostocker Gotteshaus zeugt davon, dass die Familie zu Wohlstand und Ansehen gekommen war. Betritt man St. Marien, schreiten die meisten zielstrebig in Richtung Hauptaltar und astronomischer Uhr. Wendet man sich aber vom Eingang aus zur linken Seite, stößt man auf die Kapelle der Rostocker Manns. Früher trug diese den Namen Schuster-Kapelle.

Um die Ecke an der Wand ist auf einer bunt verzierten Tafel ein goldgelber Stiefel zu sehen – vermutlich ein Teil eines alten Schuster-Innungszeichens. Außerdem kann man hier auf einer kleinen Ahnentafel die Verbindung der Familie zum Lübecker Zweig studieren. Ob Thomas Mann die Kapelle besuchte oder das imposante bunte Glasfenster kannte – davon ist nichts überliefert. In den »Buddenbrooks« taucht jedoch ein Hinweis auf die Rostocker Verwandtschaft auf.

Die Kapelle selbst ist schlicht, darüber erhebt sich das reich verzierte Fenster. Viel Rot und Gold schmücken den oberen Bereich. Weiter unten ist das Wappen zu sehen, dann folgen Abbildungen von fünf Mitgliedern der Rostocker Mann-Familie. Hergestellt wurde es in Tirol von einem Kunsthandwerksbetrieb für Glasmalerei, der seit 1861 besteht. Im Jahr 2002 wurde das Fenster restauriert.

Adresse Bei der Marienkirche 2, 18055 Rostock | Anfahrt Kirche ganz nah an der Langen Straße, am besten dort parken | Öffnungszeiten Mo–Sa 10–16 Uhr, So 11.15–22.15 Uhr | Tipp In der Kantine »Glatter Aal« gibt es Frühstück und einen günstigen Mittagstisch (Glatter Aal 9).

47 Das Kap Geinitzort

Kleine Landspitze mit Weitsicht

Mit ein bisschen Glück ist man hier ganz für sich. Nicht ganz so viele zieht es an den etwas raueren Küstenabschnitt nur wenige Kilometer westlich von Warnemünde. Dennoch heißt es, dass die Landschaft auch hier unter dem Tourismus leide. Stoltera ist in weiten Teilen Naturschutzgebiet. Hier bilden dicke runde Kiesel den Untergrund am Strand, und das Laufen ist ein wenig beschwerlicher als im feinen Sand. Ab und an ein größerer Stein, auf dem man sich niederlassen und auf das gucken kann, was da immer wieder aufs Neue wunderbar vor einem liegt: das Meer!

Man muss schon genau schauen, um das Naturdenkmal für Eugen Geinitz nicht zu übersehen. Der Geologe und Mineraloge lehrte gegen Ende des 19. Jahrhunderts an der Rostocker Universität und wurde anschließend Direktor des Mineralogisch-geologischen Instituts. Über viele Jahre studierte er die Entwicklung des drei Kilometer langen Küstenstreifens. 1930 bekam er deshalb einen schlichten Gedenkstein, und die kleine Landspitze, auf der er steht, trägt seinen Namen.

Schon früh setzte Eugen Geinitz sich für den Naturschutz ein. Dass dieser Schutz nötig war und ist, ist den Bewohnern der Küstenlandschaft bewusst. Immer wieder kommt es hier zu Abbrüchen, das Kliff gehört zu den am meisten von der Erosion betroffenen Steilufern an der Ostsee.

Ein besonderes Schauspiel bietet sich im Frühsommer. Dann kann man Uferschwalben mit ihrem leicht gegabelten Schwanz beim Ein- und Ausfliegen ihrer Nesthöhlen in der Steilwand beobachten. Die kleinste Schwalbenart Europas schnappt während des nahen Flugs übers Wasser Insekten auf und füttert damit ihre Brut. Bestimmt hat auch Eugen Geinitz die Tiere schon beobachtet. Auch heute noch wird der Wissenschaftler von Naturliebhabern in der Region verehrt. In regelmäßigen Abständen sorgen sie dafür, dass der Gedenkstein gereinigt wird und sein Name leserlich bleibt.

Adresse Stolteraer Weg, 18119 Rostock | **Anfahrt** von Rostock über die B 103 bis Lichtenhagen, dann auf die L 12 nach Diedrichshagen und dort auf Stolteraer Weg in Richtung Küste | **Öffnungszeiten** jederzeit zugänglich | **Tipp** Im »Kleinen Diedrich« hinter dem Hotel Ostseeland gibt es den Sommer über Pommes, Fischbrötchen und weitere Gerichte – mit Sicht auf den Kinderspielplatz!

48 Die Kapitänslokale

Hauptsache Tradition

Von Kapitänen gegründet, von passionierten Köchen geführt, so präsentieren sich zwei Lokale nicht weit voneinander entfernt im ruhigen Teil der Straße Am Strom. Das Restaurant »Zum Stromer« ist das älteste, die »Seekiste zur Krim« das zweitälteste Lokal in Warnemünde. Letzteres erhielt seinen Namen aus Dankbarkeit: Während des Krimkrieges von 1853 bis 1856 belieferten Warnemünder Kapitäne die Kriegsparteien mit Getreide und Waffen und verdienten sich quasi eine »goldene Nase« daran. Nach ihrer Rückkehr eröffneten einige von ihnen Lokale oder Pensionen. So erhielt die »Seekiste«,die 1856 eröffnet wurde, den Beinamen »zur Krim«. »Die Seekiste« wird auch in Verbindung mit dem Archäologen Heinrich Schliemann genannt, denn für ihn waren die Seefahrer ebenfalls unterwegs.

Das Lokal »Zum Stromer« wiederum war ursprünglich die Gaststätte Jungmann und erhielt bereits 1846 seine Ausschanklizenz. Hier versuchte Kapitän Jungmann sein Glück, und das Gasthaus entwickelte sich schnell zu einer beliebten Seefahrerkneipe, in der voller Hingabe und Freude kräftig getrunken und gefeiert und so mancher Lohn verprasst wurde.

Die heutigen Wirte waren zwar keine Kapitäne, sind dafür aber leidenschaftliche Köche, die hier die Fänge der Ostsee zu besonderen Delikatessen verarbeiten. Dorsch und Lachs sind die Spezialitäten – ob mit Roter Beete, Spinat oder Zitronensauce. Zumeist gelangen sie direkt von den Fischkuttern am Alten Strom in die Küche. Das Restaurant »Zum Stromer« hat sich schnell vom Geheimtipp zum äußerst beliebten und gut besuchten Lokal gemausert. Es gibt viele Köstlichkeiten, von Hausmannskost bis zu pfiffig ausgeklügelten Ostseefischkreationen. Außergewöhnlich ist auch das Ambiente, welches der Warnemünder Künstler Burkhard Fäcks mitgestaltete. Denis Arnhold hat 2006 im »Stromer« das Ruder übernommen und sein Restaurant sicher in den Hafen der beliebtesten Lokale manövriert.

Adresse Restaurant »Zum Stromer«, Am Strom 32, 18119 Warnemünde, Tel. 0381/8579787; »Seekiste zur Krim«, Am Strom 47, 18119 Warnemünde, Tel. 0381/52114 | Anfahrt der B 103 bis zum Warnemünder Bahnhof folgen, am besten hier parken und über die Brücke zur Straße »Am Strom« | Tipp Wer Hummer probieren möchte, sollte auf die andere Seite des Alten Stroms gehen. Dort befindet sich das Lokal »Hummerkorb« (Am Bahnhof 1C).

49 Der Karl-Planeth-Weg

Im Dienste der Allgemeinheit

Ein Morgenspaziergang um die Stadt, vorbei an den noch verbliebenen Teilen der einstigen Stadtbefestigung. Hier, am östlichen Rand Rostocks, wurde die alte Mauer wieder instand gesetzt. Der kleine Weg mit schönen Aussichten verläuft unterhalb der Petrikirche bis zur Straße »Am Baghel«. Seit zehn Jahren heißt dieser Abschnitt Karl-Planeth-Weg. 2010 wurden im Rahmen einer feierlichen Zeremonie und unter reger Teilnahme der Rostocker Bürger unterhalb des Slüter-Denkmals und oberhalb des Gerberbruchs zwei Gedenktafeln enthüllt. Auf ihnen ist Wissenswertes über den Mann zu lesen, der sich jahrelang für seine unmittelbare Umgebung eingesetzt hatte.

Karl Planeth wohnte nicht weit von hier. Die Verwüstungen, die der Zweite Weltkrieg in der Stadt hinterlassen hatte, machten ihm zu schaffen. Deshalb begann der gelernte Zahntechniker, Schutt und Trümmer zu beseitigen. Er legte Rasenflächen und Wege an und bepflanzte das Areal. Für die Kinder der Östlichen Altstadt baute er eine Rodelbahn, die sie im Winter mit ihren Schlitten hinabsausen konnten. Außerdem entstanden ein Spielplatz sowie Bänke für die Älteren, auf denen man sich ausruhen und ins Weite schauen konnte. Karl Planeth verrichtete all diese Arbeiten allein, er hielt sein Engagement für selbstverständlich und wollte der Allgemeinheit dienen. Eine Auszeichnung durch das Nationale Aufbauwerk (eine groß angelegte Initiative der DDR, die in den 50er Jahren mit freiwilligen Helfern Aufbauarbeiten leistete) wollte er nicht entgegennehmen. Vom Pfarrer der Petri-Gemeinde bekam er ab und an einen Blumenstrauß als Dankeschön für seinen Einsatz. Darüber freute er sich.

Heute liegen unterhalb des Weges Sportanlagen und ein beliebter Spielplatz. Nahe der Warnow sind moderne Stadthäuser entstanden. Menschen wie Karl Planeth wird es auch unter den neuen Anwohnern hoffentlich ab und an geben.

Adresse Beginn des Weges unterhalb der St.-Petri-Kirche, 18055 Rostock | **ÖPNV** mit der Straßenbahn 1, 2, 3 oder 4 von der Station Steintor IHK bis Gerberbruch, von hier circa 300 Meter | **Öffnungszeiten** jederzeit zugänglich | **Tipp** Auf dem Turm der Petrikirche gibt es in 45 Meter Höhe eine Aussichtsplattform, die zu Fuß oder über einen Fahrstuhl zu erreichen ist (ganzjährig geöffnet).

50 Der Klosterladen

Kräuteröl- und Senfrezepturen nach alter Tradition

Im Jahr 2020 wurde das Kloster zum Heiligen Kreuz 750 Jahre alt. Das letzte Stiftsfräulein lebte bis 1981 auf dem Gelände. Der Eingang zum Klosterhof befindet sich am Universitätsplatz gleich neben der Theologischen Fakultät.

Das einstige Zisterzienserinnenkloster wurde nach der Reformation in ein Damenstift umgewandelt. Zur linken Seite liegen einige hübsch restaurierte Fachwerkhäuser eng nebeneinander. Diese werden oft fälschlicherweise als »Professorenhäuser« bezeichnet. Vermutlich wegen ihrer Nähe zur Universität. Tatsächlich wurden die Nebengebäude ganz normal vermietet, um den Stiftsdamen auf diese Weise einen Nebenverdienst zu verschaffen. Die historisch richtige Bezeichnung für die hübschen Häuser ist ganz einfach »Klosterhäuser«.

In einem von ihnen befindet sich der Klosterladen. Hier werden köstliche Öle, verschiedenste Senf- und Essigsorten und Mus-Arten verkauft. Hergestellt werden sie nach klösterlicher Tradition und altem Wissen um die Wirkung der verschiedenen Kräuter. Gutes, das sich bewährt hat und doch heutige Essgewohnheiten bedient. Eine Spezialität der Manufaktur sind die verschiedenen Produkte mit Schwarzessig. Dabei handelt es sich um einen Obstessig aus frischen Äpfeln und Pflaumen, der im Eichenfass gelagert wird und in Farbe und Geschmack an einen gereiften Balsamico erinnert. Hinter all den schönen Produkten stecken Küchenmeister Ralf Schröder und seine Partnerin, die Agraringenieurin Ute Seidler. Jahrelange Erfahrung und viel Wissen über Rezepturen und Kräuter werden von professionellem Marketing und Design unterstützt. So kann man mit den Produkten in den dunklen Gläschen und Tonflaschen nicht nur Salate verfeinern, sondern auch Saucen oder Suppen einen besonderen Geschmack verleihen. Weizengrasöl, Wildkräutersenf, Bärlauchöl sowie zahlreiche Kräutermischungen – schauen Sie sich mal um in der Klosterfaktorei!

Adresse Klosterhof 1, 18055 Rostock | **ÖPNV** mit der Straßenbahn 1, 4, 5 oder 6 von der Station Steintor IHK bis Lange Straße, dann circa 4 Minuten zu Fuß | **Öffnungszeiten** Mo–Fr 10–16 Uhr und nach Vereinbarung unter Tel. 0172/2695327 und Tel. 0381/51087264 | **Tipp** Hinter den Klosterhäusern führt eine Treppe zu einer Tür hinauf, durch die man auf den oberen Teil der Wallanlagen gelangt. Eine grüne Oase in der Stadt.

51 Der Köhlerhof

Von Teer und mehr

Die letzte funktionierende Teerschwelanlage in Mitteleuropa steht im Köhlerhof Wiethagen. Die alte Anlage, zu der ein großer und ein kleiner Teerschwelofen, ein Teerkeller sowie eine Kondensations- und Destillationsanlage gehören, wird noch bis zu vier Mal im Jahr befeuert, und damit werden rund zwei Tonnen Holzkohle und 250 Liter Holzteer gewonnen. 14 Tage dauert der Vorgang, und wie genau das alles im Detail funktioniert, ist am besten vor Ort zu erfahren.

Eine echte Rarität ist dieses Freilichtmuseum am Rand der Rostocker Heide, in dem die Geschichte der Köhlerei erklärt wird. Ab 1696 begann man, hier Teer zu gewinnen, und 1837 wurde die Teerschwelerei gebaut (die anderen Bauten der Anlage folgten später). 90 Stunden dauerte die Verkohlung. Mühsam und wenig einträglich war die Arbeit der Heideköhler, aber sie hatten einen guten Ruf, denn sie lieferten Kohle und deren Nebenprodukte, die bei der Verkohlung anfielen, beispielsweise Wagenschmiere oder Teer und Pech, das für Taue, Jacken und Schiffe verwendet wurde. Die durch »trockene Destillation« gewonnene Essigsäure, den Holzteer und die Holzkohle konnten wiederum die Fischer, Bauern und das Veterinärwesen gebrauchen.

Otto Heuer arbeitete von 1936 bis 1979 hier und war der Letzte seiner Zunft. Glücklicherweise verband ihn eine Freundschaft mit dem Oberförster Gerd Heil, der sich für den Erhalt der Köhlerei als technisches Denkmal einsetzte. Und er ergänzte den Hof um hilfreiche Informationen. Begriffe wie »Schausterpick«, »Plättkohlen« und »Teerseife« werden erklärt, außerdem erfährt man, welches Holz sich am besten für Zeichenkohle eignet. Manchmal hat man Glück und bekommt seine eigene Führung. Dabei sieht man Öfen, Fässer, Schornsteine, Teereimer und Teerkannen, aber auch Hexen und Köhler. Außerdem gibt es angrenzend einen Wald- und Naturlehrpfad und einen Märchenwald.

Adresse Wiethagen 13, 18182 Rostock, Tel. 038202/2035, www.koehlerhof-wiethagen.de | Anfahrt über die B 105, kurz hinter Rövershagen links nach Wiethagen | Öffnungszeiten April–Sept. Di–Fr 9–17 Uhr, Sa, So 10–17 Uhr, 1. Okt.–16. Dez. Di–Fr 9–16 Uhr, So 10–16 Uhr, 17. Dez.–31. März Winterpause, Besuche auch nach Vereinbarung möglich | Tipp Auf dem Wald- und Naturlehrpfad mit seinen 25 Stationen begegnet man Flora und Fauna der Rostocker Heide. In einem Begleitheft werden die einzelnen Haltepunkte erläutert.

52 Die Kosegartensiedlung

Kostengünstige Architektur der 30er Jahre

Dass der Stil der Neuen Sachlichkeit gar nicht so leicht aufrechtzuerhalten war, ist auch in anderen Siedlungen aus dieser Bauperiode zu beobachten. Irgendwann fängt jemand an, Gardinen mit Rüschen aufzuhängen oder stellt Blumentöpfe mit Pflanzen und andere Dekorationen auf das Fensterbrett. Dann ist es vorbei mit der schlichten Strenge dieser Architektur. Das ist auch in der Rostocker Kosegartensiedlung zu beobachten. Trotzdem ist das Bauensemble als Ganzes sehr schön erhalten geblieben ist. In dieser Geschlossenheit liegt auch sein Wert.

Sie gehört zu den frühesten Reihenhaussiedlungen im Stil des Neuen Bauens. Und auch wenn heutzutage andere Farben verwendet werden, einige Fassaden eine neue Struktur bekamen oder Hausnummern auf unterschiedliche Weise angebracht sind, ist sie immer noch ein eindrucksvolles Beispiel ihrer Zeit. Der Architekt hieß Walter Butzek, er schuf verschiedene Industriebauten und Wohnanlagen in der Region. 1927 war in Stuttgart die Weißenhofsiedlung errichtet worden, sie beeinflusste viele Architekten. Auch Walter Butzek orientierte sich an diesem Vorbild, als er in den Jahren zwischen 1928 und 1930 die Straßenzüge für das Hansaviertel entwarf. Sein Auftrag lautete, einfachen, kostengünstigen Wohnraum für aus dem Ersten Weltkrieg heimgekehrte Kriegsbeschädigte zu entwerfen und zu gestalten.

Alle Häuser wurden damals mit einem glatten, hellen Putz versehen, Türen und Fenster waren im Kontrast dazu dunkelbraun. Es wurde auf jegliche Verzierung verzichtet. Die Fenster sind dreigliedrig unterteilt, über den Eingangstüren sorgen schmale senkrechte Fensterbänder für Lichteinfall im Treppenhaus. Walter Butzek selbst lebte in der Kosegartenstraße 5, in Dierkow trägt eine Straße seinen Namen. Schon seit 1984 steht die Siedlung unter Denkmalschutz. Man kann wohl davon ausgehen, dass ihr Wert heute weiterhin von den Bewohnern geschätzt wird.

Adresse Babststraße, Kosegartenstraße, 18059 Rostock | Anfahrt der August-Bebel-Straße bis Hundertmännerstraße folgen, an deren Ende links in Engelstraße abbiegen, Kosegartenstraße rechter Hand | Tipp Ganz in der Nähe befinden sich die »Interkulturellen Gärten«. Seit 2011 bearbeiten dort Menschen aus verschiedenen Nationen gemeinsam eine 5.000 Quadratmeter große Fläche – ein Projekt, das den Puls unserer Zeit trifft.

53 Die Kunsthalle

Ein Zuhause für die Kultur des Ostseeraums

Sie wurde 1969 im beschaulichen Stadtteil Reutershagen errichtet und sollte der einzige Kunstmuseumsneubau der DDR bleiben. Bis heute ist die Rostocker Kunsthalle das größte Ausstellungshaus Mecklenburg-Vorpommerns. Ihr Entstehen hängt eng mit der »Biennale der Ostseeländer« zusammen, die seit 1965 ausgerichtet wurde. Hier sollten in erster Linie Künstler aus den Ostsee-Anrainerstaaten vertreten sein. Dass auf diese Weise auch Werke aus der BRD, Norwegen oder Island zu sehen waren, machte sie zur einzigen Kunsthalle der DDR, in der es auch westliche Kunst zu sehen gab. 1996 fand die größte internationale Ausstellung über DDR-Kunst zum letzten Mal statt.

Entworfen wurde die Kunsthalle von Hans Fleischhauer und Martin Halwas. Beide Architekten hatten schon damals einen Erweiterungsbau im Sinn. Dieser wurde Ende 2018, fast 50 Jahre später, feierlich als Schaudepot eröffnet. Die Würfelform des alten Teils wurde auch im Neubau aufgegriffen, die Materialien hier sind allerdings Stahl und Sicherheitsglas. Auch das Muster auf den Glasflächen des neuen Kubus nimmt geschickt die reliefartige Fassade des älteren Ausstellungsgebäudes mit ihren Formfliesen auf.

20 Jahre DDR, mittlerweile mehr als 30 Jahre nach der Wende. Einen Bruch gibt es noch immer. Eine Zeit lang sah es so aus, als würde die Kunsthalle gar nicht überleben, ihre Besucherzahlen waren bis auf 6.000 jährlich gesunken. Ein Rettungsanker war die bestehende eigene Sammlung. Heute wird das Haus von einem privaten Trägerverein geführt, Direktor ist Jens-Uwe Neumann, der als Quereinsteiger kam. Ihm ist es wichtig, neben der internationalen Kunst auch Werke aus der DDR und dem Ostblock im Fokus zu behalten. Aktionen wie »Rostock kreativ«, bei denen Hobbykünstler ihre Werke zeigen dürfen, bilden einen Teil seines Konzeptes – mit dem Ziel, die Kunsthalle für alle Bevölkerungsschichten offen zu halten.

Adresse Hamburger Straße 40, 18069 Rostock, Tel. 0381/3817008 | **Anfahrt** August-Bebel-Straße folgen, wird zur Parkstraße, nach circa 2 Kilometern rechts in Dethardingstraße abbiegen, Kunsthalle ausgeschildert | **Öffnungszeiten** Di–So 11–18 Uhr, Mo geschlossen | **Tipp** Eine Besonderheit im Parkgelände am Schwanenteich bildet der Japanische Garten mit buddhistischem Zen-und Steingarten.

54 Der Kunstverein

Engagierte Förderer

Schon über 180 Jahre existiert in Rostock ein Kunstverein. Dieser erinnert mit Ausstellungen an die Vereinigung Rostocker Künstler. Dazu zählten Maler, Grafiker, Bildhauer und Architekten der Moderne, die sich 1919 zusammengeschlossen hatten. Walter Butzek, Egon Tschirch, Bruno Gimpel, Rudolfs Bartels oder Margarete Scheel gehörten beispielsweise der Vereinigung an. Sie alle hatten nach dem Ersten Weltkrieg nur wenige Gelegenheiten, ihre Kunst auszustellen und suchten nach neuen Möglichkeiten. Damals kam es zur Begegnung mit dem Kunstverein, der 1840 durch Rostocker Kaufleute, Ärzte und Juristen gegründet worden war. Sie initiierten Kunstausstellungen, um eine breitere Öffentlichkeit anzusprechen und den Verkauf von Ölgemälden, Grafiken und anderen Kunstwerken zu fördern.

Der Verein selbst erwarb auch Bilder, sodass mit der Zeit eine beachtliche Sammlung zusammengetragen wurde. Einschränkungen und Ausschlüsse von Künstlern während des Zweiten Weltkrieges führten dazu, dass ein Teil der Sammlung dem Städtischen Museum zugeteilt, während andere Gemälde zerstört oder gestohlen wurden und der Verein sich 1945 auflöste. Erst 1992 fand die Neugründung statt, um an die alte Tradition anzuknüpfen und Kunst aus Rostock zu erhalten und zu fördern. Heute werden wieder Ausstellungen, Vorträge oder Künstlergespräche in der Galerie Amberg 13 organisiert.

Hier finden sich auch zwei Künstlerateliers für Stipendiaten, die von der Hansestadt ausgewählt werden. Zudem organisiert der Verein zusammen mit der »Ostsee-Zeitung« eine Kunstbörse, ein Festival für Illustrationen – die Illustrade – und den Austausch zwischen künstlerischen Bildungseinrichtungen. Trotz des hohen Alters also ein durchaus innovativer Verein mit einer sehenswerten Galerie, zu der eine beachtliche grafische Sammlung gehört. Und Kunstinteressierte werden über heimische Künstler auf dem Laufenden gehalten.

Adresse Amberg 13, 18055 Rostock, Tel. 0381/4592111 | ÖPNV mit der Straßenbahn 1, 2, 3 oder 4 von der Station Steintor IHK bis Gerberbruch, von hier links in Küterbruch, dann weiter über Alter Markt und wieder links in »Amberg« | Öffnungszeiten Di–So 14–18 Uhr, Mo geschlossen | Tipp Werke der Rostocker Künstlervereinigung sind auch im Kulturhistorischen Museum zu sehen. Werke der Bildhauerin Margarete Scheel finden sich an diversen Bauten der Stadt wie zum Beispiel in der Augustenstraße 16.

55 Die Lange Straße

Rostocks erste sozialistische Straße

Ihre Architektur sollte an alte Zeiten erinnern. Im Grunde eigenartig für ein Land, das damals erst wenige Jahre bestand. Der heutige Besucher stutzt, wenn er die Lange Straße das erste Mal zu Gesicht bekommt. Er mag sich fragen, wie alt all diese Gebäude wohl sind und wie es zu dieser Straße kam.

Bis 1942 hatten hier zwei-, manchmal dreigeschossige Häuser gestanden. Davon war am Ende des Krieges nur wenig übrig. Elf Jahre später startete die Führung der DDR ein ehrgeiziges Bauprojekt. Die breiten sowjetischen Prachtstraßen dienten als Vorbild. Die taugten auch für große Aufmärsche. Ansonsten entschied man sich für historisierende Architektur. Vielleicht liegt es an ihr, dass man eine gewisse Faszination verspürt, wenn man die Lange Straße entlangspaziert. Gleichzeitig erscheint einem die Straße distanziert und zu sehr aus einem Guss. Bummeln und sich verabreden, das macht der Rostocker in der Kröpeliner Straße, zu DDR-Zeiten auch »Boulevard« genannt, die zudem den Vorteil hat, Fußgängerzone zu sein.

Die Bauweise der Langen Straße sollte sich mit der Verwendung von Backstein, Giebeln und Rosetten an die norddeutsche Gotik anlehnen, ein regionaler Bezug sollte hergestellt werden. Auf den Kapitellen sind fächerartig angeordnete Garben, Vögel mit erbeuteten Fischen im Schnabel und andere Tiere aus dem Meer zu erkennen. Auch sie taugen eher als Symbole für verklärte Agrarromantik. Heute scheint es, als habe man sich damals nicht ins Neue und Moderne vorwagen wollen, sondern mit alten Formen etwas zu bauen versucht, das die Menschen in einem jungen Staat als vertraut wiedererkennen sollten.

Aber man will diese Straße nicht missen. Nicht ihre Skulpturen, ihre Monumente und den großen Brunnen mit dem Relief »Menschen am Wasser«. Jo Jastram hat dort schöne Szenen in den Stein gehauen. Seine Figuren schwimmen, segeln und waschen sich in dem Element, das zur Stadt gehört wie eben auch die Lange Straße.

Adresse Lange Straße, 18055 Rostock | ÖPNV mit der Straßenbahn 1 oder 4 von der Station Steintor IHK bis Lange Straße | Tipp Ein Spaziergang am künstlichen Wasserlauf die Schnickmannstraße entlang lohnt sich. Hier stehen in sogenannter »modifizierter Plattenbauweise« errichtete Giebelhäuser.

56 Der letzte Hafenkran

Wolken und Warnow

Er gehört zum maritimen Stadtbild Rostocks. Deshalb ist es auch im Interesse der Stadt, den alten Kran zu erhalten. Einst konnte er 60 Tonnen in Bewegung setzen, nun steht er unter Denkmalschutz. Zuletzt wurde er 2014 saniert und erhielt eine neue Lackierung, die das Rosten verhindern sollte.

Heute sieht der Hellingkran glorreichen Zeiten entgegen. Der Förderverein »Tradition Ostseeschifffahrt« plant, den alten Kran der Neptun Werft in ein Trauzimmer umzugestalten. Hochzeiten sollen dann in gut 30 Meter Höhe stattfinden – fast in den Wolken sozusagen. Auf dem Zwischenboden des Maschinenhauses ist ein Schlafzimmer geplant. Trauung inklusive Hochzeitsnacht – das ist die Idee. Es soll möglich sein, mit bis zu 30 Gästen dort oben zu feiern. In so einen alten Werftkran passt ganz schön was rein.

Damit auch alle wohlbehalten oben ankommen und die Sicherheit für Veranstaltungen gewährleistet ist, sind ein Fahrstuhl samt Fluchtweg in Planung. Für diese Vorhaben ist der Verein noch auf der Suche nach Sponsoren. Der Weg zu Fuß über die Gittertreppe und dann weiter über eine schmale Wendeltreppe hinauf ist sowieso nicht jedermanns Sache. Die ersten Trauungen sind für Mai 2021 geplant.

Der Kran hat seine zukünftige Bestimmung unter anderem Rostocks langjährigem Oberbürgermeister zu verdanken. Roland Methling, der 14 Jahre lang die Geschicke der Stadt lenkte, liegt seit jeher vor allen Dingen das maritime Erbe am Herzen. Die Idee, im Maschinenhaus des Krans ein Trauzimmer einzurichten, spukt ihm schon lange durch den Kopf. Auch ein Schlafraum wie im holländischen Harlingen war früher schon mal im Gespräch.

Der Blick von hier oben ist imposant: Schäfchenwolken, der Fluss und auf der anderen Seite Gehlsdorf. Auch Besucher, die nicht gerade frisch vermählt wurden, sollen die Möglichkeit haben, eine Nacht im Kran zu verbringen.

Adresse Hellingstraße, 18057 Rostock | Anfahrt vom Warnowufer über Lübecker Straße in Werftstraße, dann rechts in Konrad-Zuse-Straße und links in Hellingstraße | Tipp In der Nähe liegen die Kletterwand am Bunker und der Club Kulturkombinat Bunker. Überhaupt ist es interessant, hier ein bisschen das Gelände zu erkunden.

57 Der Lichtenhäger Brink

Flanieren in der Großwohnsiedlung

Wohnen in der Platte. Das war zu DDR-Zeiten mehr als selbstverständlich. In den neu errichteten Hochhäusern gab es Fernheizung, fließendes Wasser und ein Bad. In Rostock lebten 70 Prozent der Bevölkerung in Großwohnsiedlungen. In der im Krieg zerbombten Altstadt hingegen verfielen die Häuser. Städte wie Görlitz oder Stralsund sind heute deshalb so reizvoll, weil dort kein Geld da war, um Altes abzureißen und durch Neubauten zu ersetzen. Der Mangel hatte so zumindest einen Vorteil.

In den 1950er Jahren baute die DDR in Rostock eine Handelsflotte auf. Deshalb wurde eine Menge Arbeitskräfte benötigt. Zehntausende Wohnungen wurden damals in industrieller Fertigbauweise errichtet. Kommt man heute als Besucher nach Evershagen, Lütten Klein oder Lichtenhagen, versucht man sich vorzustellen, wie das Leben hier war und ist. Erleichtert das scheinbar Gleichförmige und Monotone vielleicht den Zusammenhalt und das Miteinander? So mancher will auch heute seine Wohnung in einer dieser Siedlungen um keinen Preis verlassen. Beim Einkauf oder auf der Straße begegnet man sich. Die Leinen zum Wäscheaufhängen, an denen man sich früher traf, stehen noch. Es fällt auf, dass es kaum Cafés, Kneipen oder Restaurants gibt, auf deren Terrassen man sich zum Verzehr und zum Gucken niederlassen könnte.

Der »Brink« war außergewöhnlich. Er bildete den Mittelpunkt des Stadtteils Lichtenhagen, war Treffpunkt für seine Anwohner und Flaniermeile. Grünflächen, Brunnen und Skulpturen unterschieden ihn von den breiten, gleichförmigen Straßenzügen. Nach der Wende verwahrloste das einstige Schmuckstück. Viele Wohnungen in Lichtenhagen aber wurden renoviert.

Die Sanierung der denkmalgeschützten Anlage Brink fand zwischen 2015 und 2019 statt, sie soll als gemeinsamer Ort für die Menschen erhalten und wiederbelebt werden. Es wäre schön, wenn das gelänge.

Adresse Lichtenhäger Brink, 18109 Rostock | Anfahrt über die Stadtautobahn B 103 nach Lichtenhagen, dort links in Güstrower Straße, Lichtenhäger Brink auf der linken Seite | Tipp Wer sich für die Architektur von Plattenbauten interessiert, sollte sich auf eine Tour durch Rostocks Norden begeben, zu den Terrassenhäusern in Evershagen und den Wohnschlangen in Schmarl mit ihren großflächigen Reliefs.

58 Das Lichtspieltheater

Kino ohne Popcorn

Jede Stadt braucht solche Kinos! Dieses Kino ist in Rostock unter der Abkürzung li.wu. bekannt und wird heiß verehrt. Seit 2012 kommen die Menschen der Stadt hierher, um anspruchsvolle Filme zu sehen. Der Fokus richtet sich auf europäisches Kino. Das li.wu. ist Mitglied im EU-Netzwerk »Europa Cinemas«. Dieses Netzwerk setzt sich dafür ein, dass möglichst viele europäische Produktionen gezeigt werden und man sich nicht nur auf den nationalen Film konzentriert.

Mitglieder des Verbandes erhalten Fördermittel zur finanziellen Unterstützung. Deshalb gibt es im li.wu. auch nicht so viel Werbung, sondern nur einige Filmtrailer und den Videoclip des Netzwerks. Circa 70 Prozent aller jährlich gezeigten Filme stammen aus einem europäischen Land. Hollywood kann wunderbar sein, aber eine ganze Menge der dort produzierten Filme sind eben auch Mainstream. Die wollen die Besucher im li.wu. nicht sehen. Besonders gern werden deutsche, französische und skandinavische Produktionen besucht. Oft werden die Filme im Original mit Untertiteln gezeigt. Das ist zwar ein wenig mühsamer, aber man taucht dadurch tiefer in fremde Lebenswelten ein. Ein weiterer Schwerpunkt im li.wu. sind Filme für Schulklassen.

Im Barnstorfer Weg 4 war seit 1911 das Filmtheater Metropol zu Hause. Nach dessen Schließung versuchten verschiedene Unternehmen hier ihr Glück. Als das li.wu. einzog, war von der alten Filmbühne nicht mehr viel vorhanden. Neben dem Kino-Team gab es eine ganze Reihe freiwilliger Helfer, die während der Arbeiten und beim Umzug mit anfassten. Das li.wu. existiert bereits seit 1993, zuletzt in zwei Sälen des Hansa-Filmpalastes, in dessen Räumen sich heute ein Fitness-Center befindet. Die coronabedingten monatelangen Schließungen haben auch das li.wu. hart getroffen. Rostocks Cineasten werden Sorge dafür tragen, dass es dort weiterhin großes Kino gibt!

Adresse li.wu. im Metropol, Barnstorfer Weg 4, 18057 Rostock, Tel. 0381/4903859, www.liwu.de | **ÖPNV** mit der Straßenbahn 1 oder 5 von der Station Steintor IHK bis Doberaner Platz, von hier wenige Minuten zu Fuß | **Tipp** In Rostock-Evershagen (Bertolt-Brecht-Straße 17) können Hobbypiloten per Flugsimulator im Cockpit einer originalgetreuen Boeing 737 starten (Infos unter Tel. 0381/37599984 oder info@fs-rostock.de).

59 Der Lieblingsplatz

Launige Erinnerung

Nur wenige Details sind über die Warnemünder Zeit des Kabarettisten, Schriftstellers und Zeichners Joachim Ringelnatz bekannt. Er war hier von 1915 bis 1916 als Matrose unter seinem Geburtsnamen Hans Gustav Bötticher gestrandet. Begeistert wie viele seiner Mitstreiter, hatte er sich für den Kriegsdienst gemeldet, und es verschlug ihn als kaiserlichen Minensuchsachverständigen an die Küste. »In Warnemünde – als Mariner im Kriege, ließ sich's gut leben«, erklärte er, denn es war ruhig und friedlich in der sogenannten Achterreihe.

In der Alexandrinenstraße hatte er seinen Stammplatz in einem Café am Fenster. Dort saß er, vermutlich den Schalk im Nacken und verärgert über sein Aussehen, das ihm zeitlebens zu schaffen machte. »Café Meyer« hieß die Konditorei, in der er sich wohlfühlte und deren Eigentümer er als »wohlerzogene und freundliche Leute« in einem Tagebuch schilderte. Hier soll er an einem kleinen Glastisch sitzend diverse Reime und Skizzen angefertigt haben. Aus dem Café Meyer wurde das Café Wegner, das später in ein größeres Gebäude vis à vis umsiedelte. Ringelnatz zog in Form von süßem Gebäck quasi mit: Hier gab es Ringelnatzschnecken und den Ringelnatzkranz.

Sein alter Stammplatz aber erfuhr rund 100 Jahre später eine Renaissance: 2011 eröffnete ein kleines Hotel unter seinem Namen. Im Erdgeschoss gibt es ein Café und eine Galerie, in den oberen Etagen liegen die Zimmer. In der Galerie werden Bilder von Ringelnatz gezeigt und kulturelle Veranstaltungen durchgeführt. Die Zimmer sind nach Werken des Dichters benannt, sie heißen beispielsweise »Morgenwonne« oder »Muschelkalk«, und überall sind vergnügliche Verse wie »Die Badewanne prahlte sehr. Sie hielt sich für das Mittelmeer« zu finden. Der 1883 in Wurzen geborene Ringelnatz lebte ein verrücktes und oft beschwerliches Leben. Seine humorigen Auftritte im Matrosenanzug und sein Werk über Kuddel-Daddeldu machten ihn erst später bekannt.

Adresse Hotel Ringelnatz, Alexandrinenstraße 60, 18119 Warnemünde, www.ringelnatz-warnemuende.de | Anfahrt in der Poststraße links abbiegen, am Ende rechts in Kirchenplatz, hier parken und links in Alexandrinenstraße gehen | Tipp Das letzte Haus in der Straße Am Strom ist das ehemalige Zollfahndungsamt, das in Kürze umgebaut und konzeptionell neu ausgerichtet werden soll. Eine alte Gefängniszelle ist noch erhalten.

60 Die Likörfabrik

Vom Schnaps zum Kaffee

Die »Dampf-Korn-Brennerei, Hefe- und Liqueur-Fabrik Julius Krahnstöver« war eines der führenden Spirituosenunternehmen in Mecklenburg-Vorpommern, und der Name der Rostocker Unternehmerfamilie Krahnstöver steht für Tradition. Das Kaufmannshaus an der Großen Wasserstraße, in dem sich heute das Hotel Krahnstöver befindet, stammt aus der Mitte des 14. Jahrhunderts und gehört zu den ältesten Gebäuden der Stadt. Die gotische Fassade und die bunte Eingangstür, über der sich auch heute noch das Familienwappen befindet, zeugen davon. Auch der erkerartige Vorbau, der sich ebenerdig neben dem Eingang befindet, ist eine Besonderheit und wird als »Utlucht« bezeichnet. Ein anderes sehenswertes Detail ist aus der Ferne zu sehen: ein Aufbau, der wie ein Miniaturhaus auf dem Dach aussieht.

Direkt daneben lag die alte Likörfabrik und Brennerei von Julius Krahnstöver. Rostocker Doppelkümmel, der inzwischen wieder hergestellt wird, war die bekannteste Marke der Fabrik. Aber es gab auch eine Innovation aus der afrikanischen Kola-Nuss: Daraus wurde ein neues Getränk entwickelt: die Krahnstöversche Ur-Kola, danach der Kola-Nuss-Likör und Kola-Wein. Die Kola-Getränke wurden als besonders belebend und erfrischend angepriesen, als Lebenselixier, und sie machten Krahnstöver auch außerhalb Rostocks bekannt. Wenngleich das Unternehmen auch nach dem Tod von Julius Krahnstöver im Jahr 1896 zunächst weiter bestand, so fand das Familienunternehmen nach der Verstaatlichung schließlich doch sein Ende.

Dafür entstanden nach der Sanierung Büros, Wohnungen und ein Lokal namens »Likörfabrik«. Letzteres ist ein schöner Ort, um an einem Sommerabend auf der Terrasse ein Glas Wein zu trinken, Vorspeisen zu probieren, in einem der Strandkörbe zu chillen oder zu frühstücken. Wenn es kühler wird, kann man in Decken draußen sitzen. Da das Frühstück sehr beliebt ist, sollte man reservieren. Aber es lohnt sich!

Adresse Hotel Krahnstöver (ehemaliges Kaufmannshaus), Große Wasserstraße 30, 18055 Rostock, E-Mail: kontakt@krahnstoever-rostock.de; Café und Restaurant »Likörfabrik«, Grubenstraße1, 18055 Rostock, Tel. 0381/3777654 | **Anfahrt** von der Ernst-Barlach-Straße in die Bahnhofstraße abbiegen, links halten und weiter auf Große Wasserstraße | **Öffnungszeiten** Mo–So 9–0 Uhr | **Tipp** Eine weitere Utlucht befindet sich in der Lagerstraße 26.

61 Der Lindenpark

Ein beseelter Ort

Hoch ragen die Linden in dem alten Park, der auf einem ehemaligen Friedhof entstanden ist, in den Himmel. Friedlich ist es hier, nur wenige Schritte von der belebten Kröpeliner-Tor-Vorstadt entfernt. Die riesigen Bäume spenden Schatten, wild bewachsen sind die Beete und Grünanlagen. Und mittendrin finden sich vereinzelte Gräber. Die meisten der Grabkapellen wurden in den 70er Jahren abgerissen, aber diverse Grabmäler sind noch erhalten. Hier fanden bekannte Rostocker wie Karl Stengal, Dr. Georg Dragendorf, Ludwig Berringer oder Adolf von Wilbrandt ihre letzte Ruhestätte. Aber auch verstorbene Soldaten aus dem Deutsch-Französischen Krieg. Einige der Grabsteine und -platten sind heute tatsächlich noch an ihrem ursprünglichen Platz. Auch mehr als 150 Grabsteine der direkt angrenzenden ehemaligen jüdischen Gemeinde, unter ihnen Persönlichkeiten wie Heinrich Josephy, Georg Wertheim oder Hugo Sawitz, sind erhalten. Eine Stele in Form eines siebenarmigen Leuchters erinnert mit 78 Namen an die umgekommenen Rostocker jüdischen Glaubens.

Bevor der Friedhof im Jahr 1831 angelegt wurde, lagen die Begräbnisstätten auf kleinen Friedhöfen direkt an den Kirchen. Mit der Ausbreitung der Cholera in Europa wurden Plätze außerhalb der Stadt gesucht, und der Alte Friedhof entstand. Mit ihm die zwölf Lindenalleen, die dem Park den Namen gaben. Rund 2.000 Bäume stehen in der Anlage – fünf davon sind Naturdenkmale der Stadt.

Zwar kam bereits nach Kriegsende die Idee auf, den Gottesacker in einen Volkspark umzugestalten, doch bis ins Jahr 1959 fanden hier noch Bestattungen statt. Danach verfielen die Kapellenbauten allmählich, und die Gräber überwucherten. Nach einer gründlichen Aufräumaktion konnten schließlich diverse Grabmäler und –platten gerettet und unter Denkmalschutz gestellt werden. Und der Lindenpark wurde ein wenig aufgepäppelt, sodass er nun ein Ort der Ruhe, naturbelassen und überaus beseelt ist.

Adresse direkt an Arnold-Bernhard-Straße und Hundertmännerstraße, 18057 Rostock | **Anfahrt** August-Bebel-Straße stadtauswärts in Richtung Hansaviertel fahren, Park auf der linken Seite der Arnold-Bernhard-Straße | **Tipp** Direkt neben dem Lindenpark befindet sich die Siedlung »Bei den Polizeigärten«. Der Name geht auf die Schrebergärten für Bedienstete der Polizei zurück, die früher hier lagen. In den 1920er Jahren entstand ein neues Wohnviertel.

62 Das Literaturhaus

Am Puls der Zeit

Die Erinnerung an den Künstler Peter Weiss droht zu verblassen. Zu seinen Lebzeiten genossen er und sein Werk Bedeutung in Ost wie West. Seine Trilogie »Die Ästhetik des Widerstands« rief äußerst unterschiedliche Reaktionen in den Feuilletons hervor, fand aber vor allen Dingen in linken Lesezirkeln viel Beachtung. Es hieß, er habe die Nachkriegsgeneration an ihren wunden Punkten getroffen und damit Unbehagen hervorgerufen. Vielleicht ist er uns auch deshalb heute ein wenig fern.

Viele von Peter Weiss' Stücken wurden am Rostocker Volkstheater inszeniert. Das Theater avancierte zu seiner Hausbühne, er selbst war immer eng mit der Stadt verbunden. Zum langjährigen Intendanten Hanns Anselm Perten stand Weiss ebenfalls in gutem Kontakt. Darüber hinaus war er mit dem Hochschullehrer Manfred Haiduk befreundet, der heute als bester Kenner seines Werkes gilt. Eine Unterbrechung dieser Freundschaften gab es nur, als Peter Weiss ein Stück über den in Ungnade gefallenen Trotzki schrieb. Daraufhin wurde ihm auch die Einreise in die DDR untersagt. Den Kontakt zu seinen alten Weggefährten nahm er später jedoch wieder auf. Eine Doktorwürde allerdings, die ihm 1982 von der Wilhelm-Pieck-Universität in Rostock verliehen werden sollte, lehnte Peter Weiss ab.

Im denkmalgeschützten Peter-Weiss-Haus ist eine Reihe von gemeinnützigen Bildungs- und Kultureinrichtungen unter einem Dach vereint. Das Literaturhaus will Sorge dafür tragen, dass Peter Weiss' Werk in den Köpfen bleibt. Deshalb geht es im Programm oft kritisch und politisch zu. Das Debattenformat »Einmischen« lud 2019 Autoren wie Aktivisten zum Thema »Provokation und Pop« ein oder beschäftigte sich im März 2020 mit dem Sterben – zu diesem Zeitpunkt waren die Folgen der Corona-Pandemie noch gar nicht absehbar. Auf die Krise reagierte das Literaturhaus mit vielen Veranstaltungen, die online stattfanden.

Adresse Peter-Weiss-Haus, Doberaner Straße 21, 18057 Rostock, Tel. 0381/4925581, www.literaturhaus-rostock.de | **ÖPNV** mit der Straßenbahn 1 oder 5 von der Station Steintor IHK bis Doberaner Platz, von hier zu Fuß weiter, Literaturhaus linker Hand | **Öffnungszeiten** je nach Veranstaltung | **Tipp** Auf der anderen Straßenseite ist auf dem Areal der unter Denkmal stehenden Spirituosenfabrik »Anker« ein Lidl nebst Wohnungen untergebracht. Toll, dass man das Gebäude auf diese Weise erhalten konnte.

63 Die Maßschneiderei

Individuelles Handwerk

Andreas Kiefer ist Rostocker mit Herz und Seele. Er liebt die Stadt, das Meer und die Menschen hier. Und er liebt seinen Beruf. Er ist der letzte Maßschneider weit und breit, und das mit großer Begeisterung. Handwerklich geschickt, einfallsreich und am Puls der Zeit zu sein – das sind nur einige Eigenschaften, die aus seiner Sicht wichtig für den Beruf sind. Ein Gespür für Farben, Stoffe, Proportionen sowie Fingerspitzengefühl bei der Beratung sind ebenfalls Voraussetzungen, um jedem Kunden den passenden Schnitt und damit ein besonderes Outfit verpassen zu können. Entscheidend dabei ist, dass der Typ unterstrichen wird. Nur dann fühlen sich die Kunden wohl in den neuen Kleidern. Der Maßschneider fertigt eigene Kollektionen an und organisiert regelmäßig Modenschauen. Aber auch Extravagantes zum Ausleihen gibt es bei ihm. Seine Kunden kommen von nah und fern.

Seit 1988 existiert das Geschäft, das erst vor Kurzem nach Brinckmannsdorf gezogen ist und nun in großzügigen Räumen Arbeit und Verkauf verbindet. »Karl Lagerfeld von Rostock« wurde Andreas Kiefer schon genannt, doch er sieht sich primär als Maßschneider. Kiefer ist ein aufmerksamer Beobachter: Jede falsche Naht oder Falte fällt ihm auf, genauso wie jede Besonderheit bei seinen Kunden.

Für ihn ist sein Beruf eine echte Berufung. So war es schon in seiner Anfangszeit vor der Wende, als es vor allem darum ging, mit dem vorhandenen Material zu improvisieren. Die Kunden kamen, weil es nur wenig modische Kleidung in den Geschäften gab oder weil ihnen diese nicht gefiel. Nach der Wiedervereinigung war für viele die Mode der Kaufhäuser attraktiver. Heute kommen sie quer durch alle Schichten, um individuell und perfekt gekleidet zu sein – ob im Anzug, in der Longjacke, im Kleid oder Kostüm. Auch das Thema Nachhaltigkeit gewinnt immer mehr an Bedeutung. Ein gutes Omen für die Zukunft der Maßschneiderei.

Adresse Timmermannsstrat 2a, 18055 Rostock | Anfahrt von der A 19 direkt auf die B 110 und geradeaus fahren (nicht abbiegen Richtung Zentrum) | Öffnungszeiten Mo–Fr 10–18 Uhr | Tipp Wer sich Vintage-Mode nach eigener Vorstellung schneidern lassen möchte, sollte in der Vintage-Schneiderei von Ann Kruth in Warnemünde vorbeischauen.

64 Das Matrosendenkmal

Die Faust in den Himmel

Rostocks größte Bronzeskulptur ist das Matrosendenkmal, das als »Gedenkstätte revolutionärer Matrosen« im Jahr 1977 offiziell eingeweiht wurde. Muskulös, der eine kniend auf einem Trümmerberg, der andere die Faust zum Himmel geballt, kühn und entschlossen mit Blick in Richtung Osten – so zeigen sich die beiden Männer. Die monumentale Bronzeplastik misst rund 9 Meter Höhe und steht auf einem Sockel, den eine 20 Meter lange Reliefwand schmückt.

Das Denkmal erinnert an Matrosen der einstigen kaiserlichen Kriegsflotte, die sich in den Jahren 1917 und 1918 in Aufständen gegen die Anforderungen des Krieges und ihre Lebensbedingungen an Bord auflehnten. Als die Kriegsschiffe im Ersten Weltkrieg zu einer letzten Seeschlacht an die englische Küste aufbrechen sollten, kam es zum Widerstand. Die Waffenstillstandsverhandlungen hatten bereits begonnen, und die Matrosen widersetzten sich diesem Feldzug des Kaisers. Hinzu kam die Unzufriedenheit über ihre schlechte Bezahlung.

Ursprünglich sollten die berühmten Matrosen Albin Köbis und Max Reichpietsch mit Waffen in der Hand gezeigt werden, da sie als Vorkämpfer der Novemberrevolution gelten. Der Künstler Wolfgang Eckardt, der selbst als Matrose den grausamen Zweiten Weltkrieg erlebte, wehrte sich gegen die Darstellung mit Gewehren, sodass es nun zwei vor Kraft strotzende Männer sind. Das Wichtigste ist aus seiner Sicht der Mensch. Reinhard Dietrich schuf das Relief, auf dem bedeutende historische Ereignisse vom Anfang des 20. Jahrhunderts dargestellt sind. Pläne über den Abriss des Denkmals wurden zugunsten einer Sanierung und Neugestaltung des Platzes verworfen. Wenngleich dieses Monument an stalinistische Zeiten erinnert, ehrt es doch den Mut der Matrosen, und es soll nach Wunsch des Künstlers zum selbstbestimmten Handeln ermuntern, vor Kriegen mahnen und zu fortwährenden Veränderungen in der Gesellschaft anregen.

Adresse Am Kabutzenhof, 18057 Rostock | Anfahrt der L22 folgen, Denkmal am Ende des Stadthafens | Tipp Am Ende der Langen Straße steht ein Denkmal für den Politiker und Gewerkschaftsfunktionär Hermann Duncker, dessen Wirken fast in Vergessenheit geraten ist.

65 Meyers Hausstelle

Rasten im Grünen

Das urige Anwesen liegt mitten in den ausgedehnten Wäldern der Rostocker Heide auf halber Strecke zwischen Rostock und Ribnitz-Damgarten. Bereits seit 1252 gehört das Gebiet zur Hansestadt. Der sogenannte Wohnplatz Meyers Hausstelle bildet einen Ortsteil von Wiethagen. Idyllisch gelegen, befinden sich hier lediglich ein Wohnhaus, ein Lokal mit Biergarten und eine sehr kleine Landwirtschaft mit zertifiziertem Öko-Betrieb.

Irgendwann soll hier mal ein Mann namens Meier oder Meyer gewohnt haben. Es heißt, er habe in fürstlichen Diensten gestanden und seinen Unterhalt als Schumacher verdient. Ende des 18. Jahrhunderts entstand das Forsthaus, das heute unter Denkmalschutz steht und bewohnt ist. Gäste werden im Waldcafé nebenan mit Speisen oder »Futter« – wie auf der hauseigenen Webseite nachzulesen ist – und heißen sowie kalten Getränken versorgt. Im Sommer sitzt man herrlich unter hohen Bäumen im dazugehörigen Biergarten.

Die Rostocker Heide gilt mit ihrer Gesamtfläche von circa 6.000 Hektar als der größte geschlossene Küstenwald Deutschlands. Zu DDR-Zeiten gab es nicht weit von Wiethagen entfernt einen Schießplatz. Nach und nach wurde rund die Hälfte der Rostocker Heide zu militärischem Sperrgebiet. Diese Zeiten sind längst vorüber. Eine Försterei existierte noch bis ins Jahr 2000. Dann zog Familie Kufferath an den Ort und startete voller Elan mit ihrer Bio-Landwirtschaft. Sie hielten Geflügel, eine außergewöhnliche Rinderrasse, die sogenannten Zwergzebus, und Schafe. Außerdem wurden Obst und Kartoffeln angepflanzt. Die Erträge dienten zum großen Teil der Versorgung des Cafés. Heute wird hier lediglich noch Federvieh gehalten, das man auch erwerben kann. Die Kufferaths widmen sich voll und ganz ihrer Gastronomie. Die vorbeikommenden Wanderer und Radfahrer freut es. Im Sommer werden außerdem Konzerte im Freien veranstaltet.

Adresse Meyers Hausstelle 1, 18182 Rostock, Tel. 038201/77630 und Tel. 0173/6306281, E-Mail: info@meyers-hausstelle.de | **Anfahrt** über die B 105 (führt durch den Warnowtunnel, Mautgebühren!) nach Gelbensande, durch den Ort bis »Meyers Hausstelle« | **Tipp** Das heutige Bahnhofscafé in Gelbensande war früher das Empfangsgebäude für die großherzogliche Familie, die hier ihr Jagdschloss hatte.

66_Das Mohnfeld

Rot sehen

Die beiden letzten Sommer waren Mohnsommer. Die Pflanzen blühten auf den Feldern besonders üppig und zogen mit ihrem leuchtenden Rot viel Aufmerksamkeit auf sich. Rauscht man im Auto daran vorüber, dann heißt es zwischendurch anhalten, um schnell ein Foto zu schießen. Da ist man auf dem Fahrrad mal wieder besser dran. So mancher Bauer stöhnt allerdings über Mohn-Fans, die zum Fotografieren mitten durch seine Felder trampeln.

In den vergangenen zwei, drei Jahren machte vor allen Dingen den Landwirten die lang anhaltende Trockenheit schwer zu schaffen. Die Bio-Bauern dürfen auf ihren Äckern wachsende Begleitkräuter, auch Unkraut genannt, nicht einfach mit Herbiziden wegspritzen, wie es in der konventionellen Landwirtschaft üblich ist. Deshalb wächst hier alles Mögliche neben der Pflanze, die eigentlich geerntet werden soll. Eine weitere Rolle mag spielen, dass je nach Witterung mit unterschiedlichen Geräten gearbeitet wird und sich so die Samen in der oberen Schicht des Bodens halten können.

Dem Mohn gefällt es, und für die Ernte sind die vielen roten Blüten kein besonderes Problem. Denn meist sind sie bis zur Ernte verblüht, und dann bleiben nur noch ihre grünen Stängel auf dem Feld stehen. Diese sorgen dafür, dass das Getreide etwas mehr Feuchtigkeit abbekommt und die Ernte länger getrocknet werden muss.

Der Klatschmohn liebt nährstoffreiche Böden und viel Sonne. Er produziert zahlreiche Samen, und diese können sich lange im Boden halten. Daher die zahlreiche Verbreitung. Früher wurde er sogar manchmal extra in die Kornfelder gepflanzt. Die Samen und Samenkapseln sorgten dann für eine gewisse Würze im frisch gebackenen Brot oder Kuchen. Der Name lässt sich übrigens folgendermaßen erklären: Legt man die roten Blütenblätter der Pflanze zwischen beide Hände, klatscht es noch mal so laut. Im Mai beginnt die rote Pracht auf den Feldern zu blühen.

Adresse schönes Mohnfeld nahe dem Golfplatz Elmenhorst, 18119 Warnemünde, weitere z. B. nahe der B 105 bei 18209 Bartenshagen | **Anfahrt** über die B 103 bis Lütten Klein, danach über die B 105 Richtung Elmenhorst | **Tipp** Im Dorfkern Lichtenhagens stehen noch einige mit Schilfrohr gedeckte Bauernhäuser und zwei Holländerwindmühlen. In einer davon lebt Feliks Büttner, bekannt für den roten Kussmund der AIDA-Kreuzfahrtschiffe, den er entworfen hat.

67 Die Mühlenstraße

Bummeln auf einer Straße mit Charakter

Sie lädt zum Schlendern ein. In früheren Zeiten hatte die Mühlenstraße eine Art Grenzfunktion inne. Alles, was von hier aus in Richtung Strand zeigte, galt als die »feine Seite«. Hier gab es Villen und den Kurpark. Der in südliche Richtung weisende Teil wurde »Schweineseite« genannt, ganz einfach deshalb, weil die Bewohner dort Schweine und Hühner hielten. Den Geruch nach Stall, den wollte man auf der vornehmen Seite nicht.

Heute herrscht auf der Mühlenstraße den ganzen Tag über emsiges Treiben. Viele kleine Läden bieten Gemüse, Trödel und Mode an. Autos dürfen nur zu geregelten Zeiten fahren. Außerdem lädt eine Reihe von Lokalen zum Besuch ein. Abends kommt man hierher, bummelt und trifft sich mit Freunden, um zu essen oder ein Gläschen Wein zu trinken.

Die alte Galerieholländermühle, die der Straße ihren Namen gab, stand zur Zeit ihrer Erbauung 1866 noch am Ortsrand. Sie liegt ein Stück zurückgesetzt, und ein Neubau wurde ihr halb vor die Nase gestellt. Das sorgte für reichlich Diskussion im Ort. Sollte denn das unter Denkmalschutz stehende Gebäude nicht weiterhin für alle gut sichtbar sein, fragten sich viele. Auf einer kleinen Grünfläche vor der Mühle erinnert die Skulptur »Der Junge auf dem Mühlstein« an das alte Handwerk. Bis 1991 wurde hier noch gemahlen, später zog eine Gaststätte ein.

Ihren besonderen Charakter verleihen der Straße außerdem die Kopflinden mit ihren verknorpelten Wülsten am Ende der Stämme. Es sieht schön aus, wie die Bäume sich entlang der Fahrbahn in Richtung Kirchenplatz aufreihen. Regelmäßig werden sie »frisiert«. Auch sie sind im sonst so beschaulichen Warnemünde ein Reizthema. Von den einst gepflanzten Bäumen steht heute noch etwa die Hälfte. Der Boden macht den Bäumen das Leben nicht leicht. Die Anwohner sind sich uneins darüber, ob sie mit Hilfe einer immer wieder vertagten Sanierung erhalten oder ersetzt werden sollen.

Adresse Mühlenstraße, 18119 Warnemünde | Anfahrt von der Poststraße links in John-Brinckmann-Straße abbiegen, dann über Dänische Straße links auf Wachtler Straße, hier parken, Mühlenstraße parallel linker Hand | Tipp Bei einem kleinen Spaziergang am Kurpark entlang kann man die prächtigen alten Villen betrachten.

68 Das Munch-Haus

Kulturelle Brücke nach Skandinavien

Im Oktober 1908 befand der Maler, das bürgerliche und angepasste Warnemünde passe doch nicht so recht zu ihm. Er war nach rastlosem Umherziehen durch deutsche Städte, darunter Berlin, Lübeck und Weimar, hier angekommen. Nach der Trennung von seiner Verlobten Tulla steckte Munch in einer schweren Lebenskrise. Im beschaulichen Ort an der Ostsee hoffte er, zur Ruhe zu kommen. Er blieb am Ende 18 Monate.

Noch etwas wollte er in Warnemünde natürlich: malen. Zahlreiche Werke entstanden hier, seine Skizzenbücher füllten sich. Es heißt, dass Edvard Munch an der See zu neuen Kräften gekommen sei, sich von Haferschleim, Brot und Fisch ernährt habe. Erst malt er noch Bilder vom grünen Zimmer, die von Eifersucht und innerer Zerrissenheit geprägt waren. Mit der Zeit aber schien sich seine Stimmung aufzuhellen, er wandte sich nach außen, der Landschaft zu. Auf einem Foto ist er vor einer Leinwand am Strand zu sehen. Zu diesem Zeitpunkt entstand das Bild »Badende Männer«, mit dem er einen Skandal auslöste.

Während seines Aufenthaltes in Warnemünde hatte Munch sich bei dem Lotsen Carl Nielsen in der Promenade Am Strom 53 einquartiert. Dann aber kehrte die Krise zurück, der labile Seelenzustand Munchs kam wieder zum Vorschein. Die Touristen gingen ihm außerdem auf die Nerven. Zerrüttet beschloss er, sich in ein Sanatorium in Kopenhagen zu begeben. Damit war seine Zeit in Deutschland endgültig vorüber, bis zu seinem Tod lebte er von nun an in Norwegen.

Das Warnemünder Fischerhaus überdauerte die Zeiten. 1994, als der Edvard-Munch-Verein es erwarb, war es in einem jämmerlichen Zustand. Nach aufwendiger Renovierung befinden sich heute hier neben dem Ausstellungsraum zwei Ateliers und Wohnungen. Diese werden vorrangig von Künstlern aus Norwegen und Deutschland genutzt und sorgen so für einen regen Kulturaustausch zwischen den beiden Ländern.

Adresse Am Strom 53, 18119 Warnemünde, www.edvard-munch-haus.de | Anfahrt der 103 in Warnemünde folgen, »Am Strom« links von der Straße »Am Bahnhof« | Öffnungszeiten Do–So 12–17 Uhr | Tipp Wer ein bisschen mehr über Warnemünde erfahren möchte, kann sich im Heimatmuseum in der Alexandrinenstraße 31 umsehen.

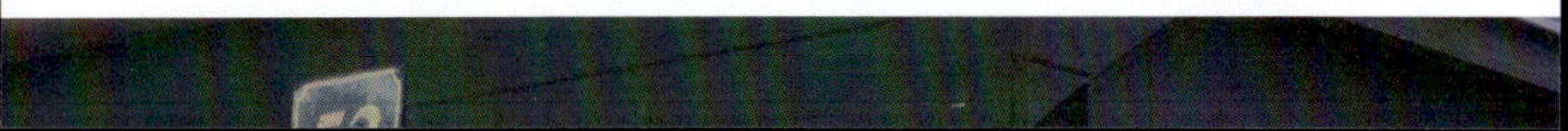

69 Der Musenhof

Feinsinnig und malerisch

Zeit für einen Ausflug? Dann sollte das Ziel das winzige, zugleich malerische Poppendorf sein. Von Rostock geht es über das flache Land mit seinen unendlich scheinenden Feldern und einigen Windrädern. Und dann fährt man die Dorfstraße ab und findet ein unglaublich idyllisches Plätzchen Erde vor. Dazu gehören nicht nur die zumeist hübsch hergerichteten Häuser, sondern auch ein altes Rittergut, das zum »Musenhof« umfunktioniert wurde.

Zwischen satten Weideflächen und Koppeln liegt Poppendorf. In der Mitte ein Park an einem kleinen Teich, um den herum sich das Dorf gruppiert. Bis ins 13. Jahrhundert geht die Geschichte des Guts zurück, als es die Witwe des dänischen Königs an die Rostocker St.-Petri-Kirche verkaufte. Auf den ursprünglichen Gemäuern entstand ein barocker Bau mit klassizistischer Fassade. Lange schlummerte das heute strahlend gelbe Herrenhaus im Dornröschenschlaf. Die Eigentümer flohen im Krieg nur mit dem Notwendigsten Richtung Westen. Es war die Familie des Kaufmanns Wilhelm Ramelow, die seit 1933 auf dem Landsitz lebte, arbeitete und schließlich ihr Zuhause zurücklassen musste. Erst viele Jahre später kam die Tochter zurück – zuerst heimlich, dann offiziell –, um das elterliche Gutshaus wiederzusehen und nach einigen Überlegungen erneut zu erwerben.

Nachdem es als Bürgermeisteramt, Konsum, Gaststätte, Post und zum Wohnen gedient hatte, gab es einiges zu tun. Es wurde ein Herzensprojekt der Eigentümerin, wie in jedem stilvollen Detail zu erkennen ist. Jetzt finden im Musenhof Konzerte, Tagungen, Feste, Ausstellungen, Filmaufnahmen und andere Events statt. Ebenso im angrenzenden alten Pferdestall, der an der bunten Tür zu erkennen ist.

Ländlich und rustikal war früher das Ambiente im heutigen Café, Kreativcenter und Laden »Stell.dich.ein«. 2020 öffnete der renovierte Schweinestall seine Tore.

Adresse Dorfstraße 41, 18184 Poppendorf, Tel. 038202/2097, www.musenhof-poppendorf.de | Anfahrt von der Östlichen Altstadt über Rövershäger Chaussee, weiter über Bentwisch auf der L 182 bis Poppendorf | Öffnungszeiten Informationen unter veranstaltungen@musenhof-poppendorf.de | Tipp In der Kunstkirche Buchholz Richtung Schwaan finden Kunst- und Musikprojekte, Ausstellungen und regelmäßig (evangelische) Gottesdienste statt.

70 Die Nikolaikirche

Wohnen im Hause Gottes

Die dreischiffige Hallenkirche wurde Mitte des 13. Jahrhunderts nach westfälischem Vorbild begonnen. Heute ist sie die älteste noch erhaltene Kirche ihrer Art im Ostseeraum. Aber es gibt noch eine andere Besonderheit: In der Nikolaikirche kann man wohnen. Von der Straße Am Bagehl aus ist das Dach mit seinen Fenstern und den darüberliegenden Sonnenkollektoren gut zu sehen. Das ist ein seltsamer Anblick.

Die Kirche wurde im Zweiten Weltkrieg stark zerstört. Es war zunächst fraglich, ob der Bau als Denkmal rekonstruiert werden soll, auch ein Abriss war im Gespräch. 1974 hatte man die Gemeinden von St. Petri und St. Nikolai zusammengelegt, Letztere wurde in ihrer ursprünglichen Funktion als Pfarrkirche nicht mehr benötigt. Weil aber Diensträume für die Kirchenverwaltung knapp waren, entschied man sich, diese im Turm der Kirche unterzubringen. Außerdem errichtete man im neu rekonstruierten Kirchendach drei Wohnetagen. Das Geld für den Umbau kam von der evangelischen Kirche im Westen, die Interesse am Bestehen der Kirche in der DDR hatte.

»Wohl denen, die in deinem Hause wohnen«, lautete das Bibelzitat, mit dem der mecklenburgische Landesbischof beim Richtfest damals seine Rede begann. Und so mögen die Mieter es wohl heute noch empfinden.

Wer sich Gedanken darüber macht, ob das häufige Läuten der Glocken dort oben nicht ohrenbetäubend ist, der sei beruhigt. Die Glocken werden noch per Hand bedient und kommen nur wenige Male im Jahr zum Einsatz. Und – es gibt einen Fahrstuhl. Man muss also nicht zu Fuß in die Höhe steigen. Heute bietet die Nikolaikirche Raum für zahlreiche kulturelle Veranstaltungen. Es gibt Ausstellungen, Konzerte, und es werden Theaterstücke aufgeführt. So ist aus dem Gotteshaus ein Ort geworden, an dem sich Kirche, Kunst und Kultur begegnen. In St. Nikolai geht es also auch heute um geistige Nahrung.

Adresse Bei der Nikolaikirche 1, 18055 Rostock, Tel. 0381/4934115 | ÖPNV mit der Straßenbahn 1, 2, 3 oder 4 von der Station Steintor IHK bis Gerberbruch, dann links über Gerberbruch zur Nikolaikirche | Tipp Gleich um die Ecke, in der Mühlenstraße 12, befindet sich »Kontor«, ein Geschäft mit schönen Einrichtungsgegenständen und Mode.

71 De olle Apteik

Von Pillendrehern und Zäpfchengießern

Zu besonderen Anlässen schlüpfen Herr und Frau Borchwardt in altmodische Kostüme. Sie trägt dann ein langes Kleid und hat ein kleines Hütchen auf, das unter dem Kinn zusammengebunden wird, er wirft sich in einen feinen Anzug mit Einstecktüchlein. Wenn die beiden so aussehen, bedeutet das, dass Neugierige kommen, um sich ihre alte Apotheke anzuschauen. Dabei handelt es sich allerdings nicht um den Ladenraum, in dem sich heute die Adler-Apotheke befindet. Obwohl auch dieser wegen seines typisch ländlichen Charakters bereits als Kulisse für einen Krimi diente und immerhin in einem der ältesten Gebäude am Schwaaner Marktplatz liegt.

»De olle Apteik« erreicht man über einen Innenhof. Interessierte können hier eine über zwei Räume verteilte Apothekeneinrichtung aus dem Jahr 1913 mit vielen pharmazeutischen Utensilien bestaunen. Unzählige alte Gläschen, Mörser, Pipetten und Waagen sind zu entdecken. Auch ein Gift-Buch und ein abgeschlossenes Schränkchen, das kleine Fläschchen mit giftigen Substanzen enthält, bekommt man zu Gesicht. Der Besucher lernt eine Menge über die handwerklichen und wissenschaftlichen Fertigkeiten, die den Beruf eines guten Apothekers auszeichnen. Lange schlummerten all diese Schätze auf dem Boden, bis die Borchardts 2012 das kleine, privat geführte Museum einrichteten. Darüber hinaus erfährt man in der alten Apotheke einiges über den Wandel in der Arzneikunde. So wurden Zäpfchen, die aus einer Kombination von speziellem Wachs und dem jeweils verschriebenen Wirkstoff bestehen, früher in einem sogenannten Zäpfcheneisen gegossen. Heute werden die allermeisten Medikamente längst nicht mehr vom Apotheker selbst hergestellt. In der Adler-Apotheke ist man aber immer noch imstande, Salben oder Tropfen nach Rezept anzurühren. Und die Begeisterung für die längst vergangene Zeit der guten ollen Apteik teilen die Borchardts gern mit interessierten Gästen.

Adresse Adler-Apotheke, Markt 8, 18258 Schwaan, Tel. 03844/813696, E-Mail: olle-apteik@t-online.de | Anfahrt aus Rostock über die B 103 und dann auf die L 13 nach Schwaan, im Ort links auf »Pferdemarkt«, dann auf »Markt« | Öffnungszeiten Juni–Aug. Mittwoch 11–16 Uhr, gern mit Anmeldung, spontane Besuche ebenfalls möglich | Tipp Ein Kuriosum ist die katholische Kirche St. Joseph. Sie entstand 1956 in einem ehemaligen Spritzenhaus.

72 Der Pesto Peter

Presto, presto

Im Imbiss am Rosengarten stehen vegetarische Burger, Pasta mit einem Pesto des Tages, Suppe und etwas Süßes auf der Karte. Berühmt ist auch die Currywurst, für die Pesto Peter alias Peter Friedrich eigens eine Soße kreiert hat. Früher einmal war die Imbissbude ein ganz gewöhnlicher Kiosk. Den gab es an dieser Stelle bereits seit 1956. Schüler der nahe gelegenen Schule investierten ihr Geld über Jahre hinweg in die »Mordhorstsche Currywurst« – eine Rostocker Spezialität ohne Darm.

Die Zeiten ändern sich und damit auch die Essgewohnheiten. Wurst ist lecker, aber es geht auch zunehmend ohne. Im Fahrradständer neben Pesto Peters Imbiss steht ein altes Rad, das vorne im Korb zum winzigen Kräutergarten umfunktioniert wurde. Platz nehmen die Gäste hier an Biergarnituren. Noch viel besser: Man deckt sich bei Pesto Peter mit einigen Köstlichkeiten ein und zieht dann auf die Grünflächen im Rosengarten. Auf der mitgebrachten Picknickdecke lässt sich vorzüglich speisen und anschließend ein Nickerchen machen.

Im Imbiss gibt es des Weiteren Gerichte zum Mitnehmen. Die Zutaten lesen sich so, dass einem das Wasser im Mund zusammenläuft. Das Pesto ist und bleibt das Aushängeschild des Unternehmens, das von Peter Friedrich und seinem Geschäftspartner Oliver Paschen betrieben wird. 40 verschiedene Sorten sind davon mittlerweile im Handel. Seine Zutaten bestehen aus gerösteten Mandeln, Petersilie und Senf oder Paprika, aus Birne und Walnuss, und im Winter ist sogar ein scharfes Lebkuchen-Pesto im Angebot. Das klingt alles überhaupt nicht langweilig. Geschnippelt und zerkleinert werden die feinen Zutaten in den Räumen der einstigen »Rostocker Konfitüren und Marmeladen«-Küche. Auch eine mobile Küche mit Catering für Feiern und Veranstaltungen gibt es. Im Rosengarten plätschert der Springbrunnen. Eine grüne Oase, in der man mit Pesto Peters leckeren Speisen verwöhnt wird.

Adresse Hermannstraße 1, 18055 Rostock, Tel. 0151/72095719, www.pestopeter.de | Anfahrt von der August-Bebel-Straße kommend rechts in Hermannstraße abbiegen, Kiosk rechter Hand | Öffnungszeiten Mo–Fr 11–20 Uhr, auch Außerhausverkauf, für PLZ 18055 Lieferservice | Tipp Auf der Straßenseite gleich gegenüber steht, umgeben von Sitzbänken, die hübsche Skulptur »Die Trinkende« von Victor Seifert.

73__Der Pfeilstorch

Erstes Beweisstück

Ein 80 Zentimeter langer Pfeil ist Bestandteil des wahrscheinlich bekanntesten Objektes der Zoologischen Sammlung Rostock, des »Rostocker Pfeilstorchs«. Dieser Weißstorch kehrte im Frühjahr 1822 mit einem Pfeil im Hals aus seinem Winterquartier zu seinem Brutplatz auf Gut Bothmer im Nordwesten Mecklenburgs zurück. Christian Ludwig Reichsgraf von Bothmer erlegte den Vogel und schickte ihn an die großherzogliche Präparationswerkstatt. Großherzog Friedrich Franz I. gab den Befehl, ihn zu präparieren und anschließend zur dauerhaften Aufbewahrung an die Zoologische Sammlung der Universität Rostock zu übergeben.

Die Untersuchung des Storches ergab, dass der Pfeil auf der rechten Seite des Halses in der Haut stecken geblieben war, ohne das Tier ernstlich zu verletzen oder in seiner Flugfähigkeit gravierend einzuschränken. Dem Holzpfeil mit Metallspitze konnte eindeutig eine afrikanische Herkunft zugewiesen werden. Somit war sein Träger der erste physische Beweis für die bis zu diesem Zeitpunkt noch umstrittene These des Vogelzuges – in diesem Fall zwischen dem nördlichen Mitteleuropa und Ostafrika. Spekulationen über den Winterschlaf der Vögel, die Storchenüberwinterungen in Sümpfen oder die winterliche Verwandlung von Singvögeln in Mäuse konnten nun widerlegt werden, und die wissenschaftliche Erforschung des Vogelzuges begann.

Der Rostocker Pfeilstorch ziert das Logo der Zoologischen Sammlung, und eine Kopie findet sich im Schloss Bothmer. Die 1775 gegründete Zoologische Sammlung, die sich direkt neben dem Universitätshauptgebäude befindet, umfasst heute über 200.000 Objekte, darunter Meeres-, Brack- und Süßwassertiere, Mollusken, Vögel, Säugetiere und Insekten. Zwei Ichthyosaurier aus Holzmaden, zahlreiche australische Tiere, die Wandmontage eines Elefantenskeletts, verschiedene Großtierskelette und Dermoplastiken eines Tigers, eines Jaguars und anderer Großkatzen sind nur einige weitere Besonderheiten.

Adresse Zoologische Sammlung, Universitätsplatz 2, 18055 Rostock | ÖPNV mit der Straßenbahn 1, 4, 5 oder 6 von der Station Steintor IHK bis Lange Straße, über Breite Straße bis Universitätsplatz | Tipp Natürlich lohnt sich auch ein Besuch des Rostocker Zoos. In einer parkartigen Landschaft mit Darwineum und Polarium sind an jedem Tag des Jahres rund 4.500 Tiere zu sehen.

74 Die Pose

Am Ufer der Warnow geködert

Rostock wurde in den letzten Jahren wiederholt wegen seiner guten Stadtentwicklung gelobt. Es wächst seit Jahren, und immer neue Wohnungen werden benötigt. Mit der Revitalisierung von Industriebrachen wie dem Petriviertel schuf die Stadt neuen Wohnraum. Hier wurden moderne Wohnungen direkt an der Warnow errichtet. Gleichzeitig ist der Petripark entstanden, eine Grünanlage, die sich entlang des Flusses von der Holzhalbinsel bis zum Fischerbruch zieht. Wiesenflächen, Sträucher und Bäume schaffen Raum zum Spazierengehen, Faulenzen oder Sporttreiben. Auch Spielplätze wurden nicht vergessen, darüber hinaus hat man verschiedene künstlerische Arbeiten installiert.

Eine davon ist die »Angelpose«, die seit 2014 das Ufer nahe dem Fischerbruch ziert und von Barbara Wille geschaffen wurde. Die vier Meter hohe Pose leuchtet schon von Weitem und lockt Neugierige an. So soll es auch sein. Eine Pose, auch Schwimmer oder Tucke genannt, wird beim Angeln benötigt. An ihr hängt der Köder, und weil sie aus schwimmendem Material ist, ist sie für den Angler an der Wasseroberfläche sichtbar. So kann er jederzeit die Position des Köders erkennen, und wenn ein Fisch anbeißt, wird er ebenfalls durch die Pose darauf aufmerksam. Sie ist also – mit den Worten der Künstlerin ausgedrückt – »sichtbares Zeichen gelungener Lockung«.

Das junge Viertel an der Warnow hat Menschen mit attraktiven Neubauten »geködert«, um in der Anglersprache zu bleiben. In den Wettbewerbsprozess, welche Kunstwerke im neuen Viertel stehen sollen, wurden die Anwohner mit einbezogen. Zwei weitere Kunstwerke wurden neben der Pose ausgewählt. Die leuchtet beim abendlichen Spaziergang am Fluss entlang in der Dämmerung. Ein Stück weiter oben erhebt sich die Silhouette der Altstadt. Weit in den Himmel ragt der Turmhelm der Petrikirche, nach dem die Gegend benannt wurde.

Adresse Am Fischerbruch, 18055 Rostock | **ÖPNV** mit der Straßenbahn 1, 2, 3 oder 4 von der Station Steintor IHK bis Gerberbruch, von hier ein kleines Stück zurück und in Richtung Warnow laufen | **Tipp** Diejenigen, die mit dem Kanu oder Kajak auf der Warnow unterwegs sein wollen, bekommen im Bootsverleih am Flussbad Informationen zu Touren und Equipment (www.wanderer-aktivtour.de).

75 Die Prachtbauten

Außergewöhnliche Architektur

Noch bevor die Familie Wertheim ihre Warenhäuser in Berlin eröffnete, hatte sie schon in Stralsund und Rostock Kaufhäuser, die allerdings 2000 abgerissen wurden. Es war die Anfangszeit der großen Warenhäuser, die sich neben einem reichhaltigen Angebot zumeist auch erstmalig durch Gastronomie und großzügige Treppenhäuser auszeichneten. Diese damals neue Art von Ladengeschäften setzte sich allmählich durch, und denen in Rostocks Innenstadt folgten weitere. Mit Geschäfts- und Bankhäusern, Privatvillen und Verwaltungsgebäuden machte sich der Architekt Paul Korff einen Namen. Noch heute sind seine Spuren im Stadtbild zu finden. Er liebte die Elemente des Barock, Ornamente, Rundungen oder Figuren, aber auch der Landhausstil gehörte zu seinem Markenzeichen.

Auffällig waren die aufwendig gestalteten Fassaden mit großen Fensterfronten an den Kaufhäusern. Auch die repräsentative Zeeck'sche Villa der Familie Zeeck am Rand der Wallanlagen hat diverse unverkennbare Details und wurde erst vor Kurzem komplett saniert. Das ursprünglich für die Rostocker Bank erbaute Gebäude in der Kröpeliner Straße 84 (heute befinden sich TK Maxx und die Deutsche Bank darin) zeigt Korffs Handschrift in Form von Figuren und Verschnörkelungen. Ähnlich das ehemalige Verwaltungsgebäude der Neptun Werft.

Die Gebäude von Paul Korff vor Augen, fällt es nicht schwer, sich die Stadt zur Jahrhundertwende vorzustellen und ihre Pracht zu erahnen. Korff war lange ein gefragter Architekt. Von Rostock zog er später mit seiner Familie zurück in seine Heimatstadt Laage, wo er von nun an lebte und arbeitete und seinen Baustil der Zeit entsprechend veränderte. Auch war er vom Neuen Bauen und vom Expressionismus angetan, doch seiner Begeisterung wurde von den Nationalsozialisten Einhalt geboten, sodass er sich am 2. Mai 1945 gemeinsam mit seiner zweiten Ehefrau das Leben nahm.

Adresse Kröpeliner Straße 53, 64, 84 oder August-Bebel-Straße 55, 18055 Rostock; Werftstraße 5, 18057 Rostock | **Anfahrt** auf der Langen Straße oder im dortigen City-Parkhaus parken und zu Fuß durch die Faule Grube in die Kröpeliner Straße | **Tipp** Das Wohnhaus in der Augustenstraße 90 aus dem Jahr 1931 zeigt Korffs Hinwendung zum Neuen Bauen und wird dem Bauhausstil zugeordnet.

76 Die Radtour

Viel Gegend mit kleinen Entdeckungen

Von Rostock aus gibt es zahlreiche Möglichkeiten, tolle Fahrradtouren zu unternehmen. Eine kurze, sehr reizvolle Tour startet in Reez und führt über Klein Viegeln bis nach Wiendorf. Durch leicht hügelige Landschaft, im Sommer an wogenden Getreidefeldern entlang, gibt es auf dieser Tour viele kleine hübsche Orte zu entdecken. In Reez steht eine niedliche Kapelle. Über holprige Pflastersteine geht es durch die Hauptstraße an schönen alten Bauernhäusern mit ihren Nebengebäuden vorbei.

Im nahen Gross Viegeln befindet sich ein Gut. Das alte Herrenhaus steht bedauerlicherweise leer und träumt vor sich hin, aber auf dem Gutsgelände ist eine großzügige Reitanlage entstanden. Schon seit mehr als zehn Jahren werden hier Pferdefreunde zu Lehrgängen oder Reiterferien begrüßt. Immer mal wieder stehen rechts und links vom Radweg in langen Reihen Bäume mit großen Blättern. Das Kiri- oder auch Glockenbaum genannte Gehölz ist ursprünglich in Zentral- und Westchina beheimatet. Seit einigen Jahren wird der am schnellsten wachsende Baum der Welt von der Firma WeGrow auch in Mecklenburg kultiviert.

Weiter geht's durch Felder und Wiesen. In Klein Viegeln steht an einem alten Hof »Regina Godewind, Keramik«. Zu besonderen Anlässen lädt die Töpferin in ihre Werkstatt und den Garten ein. Dann stellen sie und andere Kunsthandwerker aus der Region auf dem Keramikhof ihre Arbeiten aus. Für den Magen gibt es Kuchen und Schmalzbrote. Apropos Magen: Bei einem weiteren Bewohner des winzigen Ortes kann man Spanferkel oder Wildschwein für Festlichkeiten bestellen.

In Wiendorf schließlich wird für das geistliche Wohl gesorgt. Die schöne kleine Dorfkirche stammt aus dem 14. Jahrhundert. Die beiden Glocken werden noch von Hand geläutet. Möchte man die Kirche besichtigen, muss man sich bei Pastor Jungmann in Schwaan melden, das zwei Kilometer entfernt liegt.

Adresse Reez, 18196 Damm | Anfahrt Start in Rostock, mit dem Rad an der Warnow entlang, bis Reez etwa 15 Kilometer | Tipp Ein geschichtsträchtiger Ort mit einer schönen Kapelle ist Kavelstorf. Dort wurde im Dezember 1989 von aufgebrachten Bürgern ein geheimes Waffenlager der DDR ausgehoben, woraufhin Wirtschaftsfunktionär Alexander Schalck-Golodkowski sich in den Westen absetzte.

77 Die Reiferbahn

Auf den Spuren eines alten Handwerks

Die Reeperbahn in Hamburg kennt jeder. Aber was ist eigentlich ein Reep? Es ist das plattdeutsche Wort für Tau, und die sogenannten Reeper stellten Tauwerk her. Reeperbahnen gab es früher also in den meisten deutschen Küstenstädten.

Vom einstigen Handwerk der Reipenschläger und Seiler ist im Park in der Steintor-Vorstadt nicht mehr viel zu sehen. Heute liegt dort, wo einst die Taue geschlagen wurden, eine Grünanlage. Ihre lang gezogene Form erinnert vage an die Bahnen, die hier früher verliefen. Sie gehörten verschiedenen Reifermeistern. In überdachten oder offenen Bahnen und Schuppen arbeiteten Meister und Gesellen. Über Jahrhunderte wurden dort Taue und Seile hergestellt. In einer Stadt, die seit jeher vom Schiffbau und Handel lebte, wurden sie massenhaft gebraucht. Zentnerweise verfrachtete man sie in Richtung der Werften. Mit den Tauen wurde die Ware auf den Schiffen befestigt, und für die Lastenzüge an den Speichern benötigte man sie ebenfalls. Man fand sie in den Takelagen der alten Koggen, und Schiffe mussten auch mit Seilen im Hafen vertäut werden.

Bereits gegen Ende des 13. Jahrhunderts wird in einem alten Stadtbuch ein Mann namens »Henricus Repslagere« erwähnt. Da existierte Rostock erst einige Jahrzehnte. 1931 brach der letzte Reipenschläger seine Bahn hier ab. Seitdem werden Taue industriell gefertigt.

Die gewonnene Fläche wurde damals in eine Grünanlage umgewandelt. Linden, Kastanien und Eichen wachsen entlang der Wege, Stauden und Rosen schmücken die Beete. Ein Spielplatz wurde angelegt, und später entstand eine Skaterbahn. Eine sehr schöne Stele befindet sich in Richtung der Paulstraße. Auf dem »Turm vom kleinen Lebensglück« werden Situationen des menschlichen Daseins gezeigt – Liebeswerben, die Familie, das Spiel mit den Kindern. Geschaffen hat sie der Bildhauer und Kommunist Reinhard Schmidt, wie auf dem Sockel nachzulesen ist.

Adresse Reiferbahn entlang der Paulstraße zwischen Am Reifergraben und Richard-Wagner-Straße, 18055 Rostock | Anfahrt von der Richard-Wagner-Straße zu Fuß in die Paulstraße, Grünanlage linker Hand | Öffnungszeiten Anlage immer zugänglich | Tipp In der Augustenstraße 101 erinnert ein Gedenkstein an den ehemaligen Eingang der Synagoge an dieser Stelle.

78 Der Reiter

Unterhaltsames Denkmal

»Wer reitet so spät durch Nacht und Wind? Es ist Käpt'n Pött, und er hält kein Kind. Er kämpft mit seinem Pferd und versucht sich zu halten, um nicht in die Pferdeäpfel zu gleiten.« So könnte ein Gedicht über Rostocks Reiterdenkmal beginnen, das in der Badstüberstraße zu finden ist. Kasper Ohm heißt der fidel blickende Reiter, und er ist eine Gestalt aus dem Werk von John Brinckmann. Er sieht lustig aus, so als wäre er versehentlich auf dem Pferd gelandet und müsse es jetzt bezwingen. Zudem scheint sich das Tier zu sträuben. Der beleibte Reiter könnte also – sobald der Gaul sich aufbäumt – schon bald in den Pferdeäpfeln landen, die sich am Boden der Skulptur befinden.

Die amüsante Skulptur aus Bronze hat den Titel »Kasper Ohm up sin Vosswallach«. Sie stammt von dem Rostocker Bildhauer Jo Jastram – einem Künstler, an dem man in Rostock nicht vorbeikommt. So viele Werke hat er für die Stadt geschaffen. Doch dieses ist so besonders, weil es das einzige Reiterstandbild der Stadt ist. Und die zeigen normalerweise Feldherren, Adelige, Könige und andere bedeutende Persönlichkeiten. So zeigt beispielsweise das allererste Reiterdenkmal Mecklenburgs in Schwerin Großherzog Friedrich Franz II. hoch zu Ross auf einem Sockel. »Kasper Ohm« entstand im Jahr 1988, also wesentlich später, und stellt eher eine Witzfigur dar.

»Kasper, Ohm un ick« heißt die plattdeutsche Erzählung aus dem 19. Jahrhundert, in der ein einfältiger polteriger Kapitän die Hauptrolle spielt und mit Dreispitz, Perücke und Spazierstock unterwegs ist. Ungewohnt ist das Fortbewegungsmittel für den ans Wasser gewöhnten Käpt'n – das ist unverkennbar. Kurz darauf trennt sich das Pferd tatsächlich vom Reiter und schmeißt ihn laut Geschichte in einen Teich. Hätte er nur auf seine Frau gehört, die warnte: »Das ginge mich in'n Leben nich gut!«. Sie hätte Recht behalten: »Das geht im Leben nicht gut!«

Adresse Badstüberstraße zwischen Hafenkante und Prachtstraße, 18055 Rostock | Anfahrt von der Langen Straße rechts in Burgwall abbiegen, am Ende links auf Strandstraße, wieder links auf Wokrenter Straße und rechts »Beim Hornschen Hof« weiter der Straße folgen | Tipp Im nordwestlichen Teil des Kurparks von Warnemünde befindet sich ein Gedenkstein für John Brinckmann. Die Stele ist das Werk des Künstlers Wilhelm Wandschneider aus dem Jahr 1914.

79 Das Rost Dock

Lässige Location

»Sommer, Sonne, Rost Dock« könnte es heißen, denn wenn der Herbst naht, ist Schluss für diese lässige Location. Ende September werden die Container der Bar einfach abtransportiert und das gesamte Equipment eingemottet. So lange, bis es wieder wärmer und sonniger und quirliger am Stadthafen wird und die Menschen klar zum Entern sind. Die einstigen Seecontainer gehören heute vermutlich zu den entspanntesten Orten der Stadt. Initiatoren sind Samuel Drews und Sascha Hofmann, die schon andere hippe Events und Lokalitäten ins Leben gerufen haben. »Rost Dock 800« war der Name der Bar anfänglich, die anlässlich der 800-Jahr-Feier ins Leben gerufen wurde.

Vor den gelben Containern mit den maritimen Motiven des Rost Dock stehen bunt zusammengewürfelt Tische, Stühle und Liegestühle, und es gibt Cocktails, Pommes, Stand-up-Boards, Musik oder Kinderunterhaltung. Die Mischung gehört zum Konzept: Jeder, der hier andocken will, sollte eine Idee haben, die zum Rost Dock passt. So kommt zum Beispiel Essbares aus der Kröpeliner-Tor-Vorstadt, ein Klavier zur musikalischen Unterhaltung an lauen Sommerabenden wurde von einem Piano-Laden zur Verfügung gestellt, und ein Gartenfachmarkt bepflanzte die Blumenkübel.

Nicht nur Chillen ist hier angesagt, sondern auch Rollsurfen, das Fahren auf Half-Bikes (eine Kombination aus Stehfahrrad und Roller) oder Kubbspielen, das in Rostock äußerst beliebte Wikinger-Schach für draußen. Selbst Yoga und Tanzen sind hier möglich, und für die kommenden Saisons ist noch einiges in Planung.

Die Macher wollen möglichst viele Rostocker Akteure mit ins Programm einbeziehen. Das Konzept ist so originell, dass man ihnen in jedem Fall weitere tolle Einfälle und Kooperationen wünscht. Innovativ ist das Rost Dock allemal, es ist beliebt und bringt eine ordentliche Portion Leben in den Stadthafen. Weitere Container warten im Depot schon auf den Einsatz.

Adresse Stadthafen, 18055 Rostock | Anfahrt über »Am Strande« bis Parkplatz Stadthafen fahren und von dort ein kleines Stück zu Fuß an der Warnow entlang zurück | Öffnungszeiten Mai – Sept. täglich 14 – 23 Uhr, Fr – So ab 12 Uhr | Tipp Im Winter wird aus dem Rost Dock das Frost Dock in der Langen Straße 40. Und auf dem Weihnachtsmarkt betreiben die Veranstalter das Sternenzelt.

80 Der Rostocker Atlas

Mehr als eine Kartensammlung

Das drittgrößte Buch der Welt hat eine Höhe von 1,67 Metern, ist 2,04 Meter breit, wiegt 120 Kilogramm und wird in der Rostocker Universitätsbibliothek aufbewahrt. Mit Rinderfellen bezogene Eichenholzbretter dienen als Einband. Der Rostocker Atlas ist ein gewaltiges Werk, das verschollen und vergessen war, doch glücklicherweise wiederentdeckt wurde.

Seine enormen Maße haben einen Grund: Der Atlas ist nicht nur eine Kartensammlung, sondern es handelt sich dabei um 32 Wandkarten aus dem 17. Jahrhundert. Diese dienten anfangs vor allem zu Dekorations- und Repräsentationszwecken. Zur Navigation waren sie nicht geeignet. Vielmehr sind auf ihnen Landkarten und detaillierte Beschreibungen bestimmter Regionen zu finden, aber auch Zeichnungen von Menschen, ihrer Kleidung, von Herrschern, historischen Begebenheiten, Alltagsszenen und vielem mehr. Es sind zwar geografische Beschreibungen, doch diese entstanden eher unter kaufmännischen Aspekten. Sie geben eine Sicht auf die Welt aus einer längst vergangenen Zeit. Die Niederlande und hier besonders Amsterdam hatten damals eine herausragende kulturelle Bedeutung, sodass das besonders genaue Kartenmaterial vor allem von dort kam. Ob Kaufleute, Händler, Fischer oder Seeleute – sie alle überlieferten ihre Kenntnisse aus fernen Ländern, und diese wurden in (Wand-)Karten zusammengefasst. So brachten sie Informationen über die Seewege, besondere Rohstoffe oder andere wichtige Händlerpersönlichkeiten in die Heimat.

Aus konservatorischen Gründen ist der Rostocker Atlas nicht einsehbar, doch es befindet sich ein verkleinertes Faksimile – der sogenannte Kurfürstenatlas aus der Staatsbibliothek Berlin mit überwiegend den gleichen Karten – im Leseraum der Abteilung Sondersammlungen.

In der Universitätsbibliothek befindet sich außerdem der mit 67 mal 68 Millimetern kleinste Atlas der Welt, der »Etui-Atlas der Erde«.

Adresse Universitätsbibliothek, Altbettelmönchstraße 4, 18055 Rostock, Tel. 0381/4988754, www.ub.uni-rostock.de, E-Mail: sondersammlungen@uni-rostock.de | Anfahrt von der Innenstadt über Augustenstraße, dann rechts in Rungestraße abbiegen und von dort in die Altbettelmönchstraße | Öffnungszeiten Leseraum mit Anmeldung Di–Fr 9–12 und 13–17 Uhr | Tipp In unmittelbarer Nähe befindet sich das Café Heumond. Es hat ein schönes Ambiente, einen lauschigen Garten und eine abwechslungsreiche Karte (auch mit vegetarischen Gerichten).

81 Der Ruheforst

Bestattet unter Bäumen

Noch nie hat sich die Bestattungskultur so entscheidend verändert wie innerhalb der letzten 30 Jahre. Immer weniger Menschen fühlen sich den christlichen Kirchen und ihren Traditionen zugehörig, und auch die Individualisierung der Gesellschaft spielt bei dieser Entwicklung eine wichtige Rolle. Die sterblichen Überreste naher Verwandter und Freunde werden oft nicht mehr wie früher auf einem Friedhof begraben. Und immer weniger Hinterbliebene verspüren den Wunsch, regelmäßig an ein Grab zu gehen und es zu pflegen.

Eine neue Form der Bestattung bietet der Ruheforst. Sein Standort in der Rostocker Heide ist einer von vielen in ganz Deutschland, Ost wie West. Sonne fällt durch die hohen Bäume, Vögel zwitschern. Wälder sind schon immer Zufluchtsorte gewesen und strahlen etwas Beruhigendes und Friedliches aus. Also eigentlich kein Wunder, dass jemand auf die Idee kam, den Wald als letzte Ruhestätte zu wählen.

An den Bäumen hängen kleine Schildchen mit den Namen der Verstorbenen. Wüsste man nicht, dass es sich hier um eine besondere Art von Friedhof handelt, könnte man sie leicht übersehen. Am Eingang zum Areal steht ein unscheinbares Schild, das auf den Ruheforst hinweist. Die Idee zum Bestattungswald stammt aus der Schweiz. Ueli Sauter erhielt 1999 nach langen Bemühungen die Erlaubnis, auf seinem Grund einen solchen Ort anzulegen. Seiner Meinung nach gelangt die Asche der Toten zurück in den biologischen Kreislauf und hat so weiter Anteil an der Entstehung neuen Lebens. Das erinnert ebenfalls ein wenig an religiöse Vorstellungen, hat aber nichts mit Kirche zu tun.

Auch die Trauer- und Erinnerungskultur hat sich im virtuellen Zeitalter verändert. Immer mehr Menschen nutzen Gedenkvideos oder Facebook-Gruppen für den eigenen Trauerprozess. Da scheint einem die Idee eines Ruheforstes beinahe schon wieder konventionell.

Adresse Wiethagen 9b, 18182 Rostock, www.rostocker-ruheforst.de | Anfahrt A 19, Abfahrt Rostock-Ost, dann B 105 in Richtung Stralsund bis Rövershagen, im Ort der Beschilderung folgen | Öffnungszeiten rund um die Uhr zugänglich | Tipp Das absolute Gegenprogramm liegt im Nachbarort Rövershagen: Karls Erlebnisdorf. Dort holt einen die Fahrt mit dem Kaffeekannen-Express ins Leben zurück.

82 Die Sauna im Hausboot

Schwitzen mit Aussicht

Die Idee entstand auf einer Reise an die Mecklenburgische Seenplatte. Der kleine Holzofen an Bord des Hausbootes ließ Familie Kley von einer Sauna träumen. Wäre das nicht toll, so ein Schwitzkasten auf dem Wasser? In Skandinavien ist diese Art Sauna keine Seltenheit, hierzulande allerdings schon. Dabei bieten sich doch gerade die kalten grauen Herbst- und Wintertage bestens zum Schwitzen im heißen Bad an. Man schippert mit der Familie oder Freunden über das Wasser, saunt, und dann geht's hinein ins kalte Tauchbecken – in diesem Fall in die Warnow.

Von außen sieht der Schwitzkasten aus wie ein normales Hausboot. Dort, wo sich sonst ein Schlafraum befindet, ist hier die Sauna eingerichtet. Bis zu acht Personen finden auf 40 Quadratmetern Platz. Gebaut wurde das gute Stück in Nahmitz, nicht weit von Potsdam entfernt. Dort befindet sich eine Manufaktur, die nach Maß und ganz speziellen Wünschen fertigt. Im April 2019 war es so weit: Das Hausboot konnte überführt werden und lief an einem sonnigen Ostersonntag in Warnemünde ein.

Oft startet die Tour am Ludewigbecken im Stadthafen. An der maritimen Kulisse der Stadt vorbei wird man vom Eigentümer zu einem Platz der eigenen Wahl gefahren. Auf offenem Wasser oder im Schilf wird geankert. Mit einem Paddelboot fährt Ronald Kley dann zurück und holt die Gäste nach drei Stunden oder zur vereinbarten Zeit wieder ab. Die können nun ausgiebig saunen, sich im Wasser abkühlen und anschließend in Handtücher und Decken gehüllt auf der Außenterrasse entspannen und die frische Luft einsaugen. In der kleinen Küche an Bord können Kaffee und Tee zubereitet werden. Dusche und WC sind selbstverständlich auch vorhanden, die Ausstattung ist praktisch und behaglich zugleich. Auf der Warnow ist zur kalten Jahreszeit auch nicht so viel los – nur ab und an kommt mal ein Boot vorbei. Wer sich hier nicht entspannt, dem ist nicht zu helfen.

Adresse Sauna im Sommer meist an einem Steg im IGA Park, auch im Winter kein fester Ort, Kontakt über Roland Kley unter Tel. 0176/30400028 oder E-Mail: info@flusssauna-rostock.de | Tipp Ein weiterer Ort, der in Rostock für Entspannung sorgt, ist der »Ruhepol«. Bei Floating und Massage lässt man hier die Seele baumeln (Wollenweber Strasse 62b, Tel. 0381/4468160, www.ruhepol-rostock.de).

83 Die Schatztruhe

Legendäres im Kunsthistorischen Museum

Neben dem Universitätsgebäude führt ein Torbogen zum ehemaligen Kloster »Zum Heiligen Geist«. Das Zisterzienserkloster, das im 13. Jahrhundert von der dänischen Königin Margarethe gestiftet und mehrfach erweitert wurde, war eines von vier mittelalterlichen Klöstern der Stadt. In einem Gebäude befindet sich das Kulturhistorische Museum. Und das bietet selbst weniger Museumsbegeisterten nicht nur ein schönes Ambiente, sondern auch eine abwechslungsreiche Sammlung. Die sakrale Kunst verbreitet eine bedächtige Stimmung, die niederländische Malerei des 16. bis 19. Jahrhunderts entführt in vergangene Zeiten, und die Spielzeugsammlung führt dem Besucher vor Augen, womit Kinder sich einst gern beschäftigten.

Auf dem berühmten Dreikönigsaltar ist die erste Rostocker Stadtansicht aus der Zeit um 1425 zu sehen. Ungefähr 600 Jahre jünger ist dagegen das aktuellste und gefragteste Objekt der Sammlung: die Lederjacke von Udo Lindenberg. Die schwarze Jacke mit den roten Streifen und Schulterklappen schenkte der Hamburger Panikrocker einst Erich Honecker, dem früheren Staatschef der DDR. Der wiederum vermachte sie seinem Enkel. 1987 wurde das gute Stück dann schließlich versteigert. Lindenberg hatte mit seinem Liedtext »Sonderzug nach Pankow« Honecker mit der Jacke ein wenig gefoppt, dadurch aber bewirkt, dass er mit dem Panikorchester im Palast der Republik auftreten durfte. Und später bedankte er sich mit seiner Lederjacke. Wer Glück hat, kann die Jacke sehen, doch die meiste Zeit wandert das berühmte Stück durch die Lande.

Daneben gibt es noch den Schlüssel zum ehemaligen Gefängnis im Rathaus »Brummbärenloch« zu sehen, einen Sanitätshund, Sparautomaten, einen Anker-Steinbaukasten in der Spielzeugausstellung und Wohnzellen der Nonnen. Außerdem verfemte moderne Kunst, den Spökenkieker, Münzen, Kunsthandwerk sowie Werke von Künstlern der mecklenburgischen Kunstlandschaft.

Adresse Klosterhof 7, 18055 Rostock | **ÖPNV** mit der Straßenbahn 1, 4, 5 oder 6 von der Station Steintor IHK bis Lange Straße und circa 4 Minuten zu Fuß weiter | **Öffnungszeiten** Di–So 10–18 Uhr; Eintritt frei | **Tipp** Das Frieda 23 (in der Friedrichstraße 23) ist ein Kunst- und Medienhaus mit einem bunten Programm – von Ausstellungen über Workshops und Vorträge bis zu Ferienangeboten (Mo–Do 7.30–22 Uhr, Fr 7.30–23 Uhr, Sa, So 9.30–23 Uhr).

84 Die Schillingallee

Medizinhistorische Meilensteine

Ein Spaziergang entlang der Schillingallee lässt einen die medizinhistorische Bedeutung Rostocks spüren. Hier finden sich diverse Institute, Vorlesungssäle und Krankenhäuser. Studenten, Ärzte, Krankenschwestern, Pflegekräfte und andere Personen kreuzen die Straße zwischen den alten Gebäuden, die längst unter Denkmalschutz stehen. Dazu zählen die Kinder- und die Zahnklinik, die Pathologie, die Klinik für Innere Medizin, der Garten für die Patienten und das Institutsgebäude.

Als die Zahnklinik im Mai 1938 eingeweiht wurde, sprach man von der größten und modernsten landesweit mit dem ältesten deutschen Lehrstuhl in Zahnkunde. Sie galt seinerzeit als eine der fortschrittlichsten Einrichtungen in Europa. Der Baubeginn für die »modernste Kinderklinik Deutschlands« folgte am 4. Juli 1938. Rund zehn Jahre vorher waren Pathologie, Chirurgie sowie die Verwaltungs- und Wirtschaftsbauten gebaut worden. Mit einer gemeinsamen Verwaltung und Wärmeversorgung, einer Zentralwäscherei und Zentralküche sollte kostensparender gewirtschaftet werden. Dies alles waren Schritte zu einem Gesamtklinikum, in dem die Wege verkürzt, eine bessere Zusammenarbeit zwischen den Ärzten und eine optimale Betreuung der Patienten gewährleistet werden sollten. Vorher waren die einzelnen Universitätskliniken über die Stadt verteilt gewesen. Die Stadt wuchs und damit auch die Zahl der Patienten und der Bedarf an medizinischer Versorgung. 1975 wurde hier auch das größte Dialysezentrum der DDR eröffnet.

Besucher sollten das frisch restaurierte Gebäude der Universitätsmedizin, die Delphinskulptur vor der Kinderklinik, die Ärzte-Skulpturen des Bildhauers Arndt Wittig an der Klinik für Innere Medizin und die Fenster- und Wandgestaltung der Zahnklinik beachten. Letztere wurde vom expressionistischen Künstler Bruno Gimpel, der zu den Mitbegründern der Rostocker Künstlervereinigung zählte, geschaffen.

Adresse Schillingallee 36–70, 18057 Rostock | Anfahrt dem Verlauf der August-Bebel-Allee folgen, nach circa 3 Kilometern rechts in Ernst-Heydemann-Straße, von dort links in Schillingallee | Tipp Der bekannte Orthopäde Paul Friedrich Scheel lebte in der Augustenstraße 16. Seine ebenfalls bedeutende Schwester Margarete Scheel gestaltete an der Fassade diverse Reliefs.

85 Der Schnatermann

Ein besonderes Ausflugslokal

Auch wenn »Schnatermann« nichts mit Schnattern zu tun hat, wird der Name eines Landstriches in der Rostocker Heide und eines Gasthauses gern mit doppeltem »t« ausgesprochen. Die Bezeichnung »Schnatermann« geht jedoch auf die ehemaligen Wächter dieses Gebietes zurück. »Schnat« kommt aus dem Slawischen und bedeutet »Grenze«, und der Schnatermann bewachte genau diese. Im Mittelalter verwendete man die unzähligen Bäume der Gegend für den Bau von Schiffen oder Häusern. Auch darauf hatte der Schnatermann ein Auge. Und die Stadt Rostock ließ an den Wegen Schlagbäume aufstellen, damit sich keine unbefugten Holzfäller bedienen konnten.

Grenzwächter gibt es nicht längst nicht mehr, doch der Name wurde für die Gegend beibehalten, und seit ungefähr 100 Jahren gibt es das Gasthaus Schnatermann. Das Haus hat schon einiges gesehen und eine bewegte Geschichte: vom Forsthaus zur Konsumgaststätte bis hin zur fast vergessenen Ruine, welche restauriert und erneut zum Leben erweckt wurde. Nun findet sich hier ein Gasthaus, in dem Zimmer vermietet werden, mit einem wunderbar großzügigen Garten mit Biertischen, Strandkörben, lauschigen Plätzen und eigenem Ausschank. Die Idee zur Bewirtung hatte schon der frühere Revierförster. Er bot den immer häufiger auftauchenden Touristen Getränke und Speisen an. Bald darauf wurde ein Bootsanleger gebaut, und die Ausflugsfahrten auf dem Wasserweg begannen. Unweit des Hauses gelangt man zur Unterwarnow mit Strand und Booten sowie Blick Richtung Breitling und Werften. Hier liegt auch das Boot »Schnatermann«, ein Heckraddampfer, mit dem die Rostocker Heide umrundet werden kann – untermalt von launigen Geschichten des Kapitäns.

Heute gibt es im Gasthof vor allem regionale Spezialitäten und Kleinigkeiten am Kiosk im Garten. Es können Kutschfahrten gebucht und Surfbretter bei einem externen Anbieter gemietet werden. Diverse Radwege gibt es auch.

Adresse Schnatermann 1, 18146 Rostock-Stuthof | **Anfahrt** über Rövershäger Chaussee bis Rostock-Ost, auf der A 19 bis Rostock-Nord, weiter der Hinrichsdorfer Straße folgen, in Nienhagen auf der L 22 in Richtung Schnatermann | **Öffnungszeiten** täglich 11–20 Uhr (können variieren) | **Tipp** Die »Kerzenscheune« in Rövershagen hat ganzjährig geöffnet und bietet in ihrem Retro-Café Kaffee, Kuchen und kleine Snacks an.

86 Die schrillen Graffiti

Seemänner an die Fassaden!

Überdimensionierte bunte Fische, tätowierte, betrunkene Seemänner mit Stoppelbart und in gestreiften Seemannshemden – wer aufmerksam durch die Straßen Rostocks spaziert, entwickelt schnell ein Auge für die Graffiti von Sebastian Volgmann, die an vielen Häuserwänden zu finden sind. Seine Werke machen langweilige Fassaden zu farbigen Hinguckern. Die Stadt Rostock hat ein Herz für Kunst im öffentlichen Raum.

Volgmann kam durch seine Großeltern zur Kunst. Beide waren Gebrauchsgrafiker und fertigten Kinoplakate an. Oft wurde er mit ins Atelier genommen. Seit 2007 arbeitet der gelernte Mediendesigner als freier Künstler und gestaltete im norddeutschen Raum schon so einiges. Im Graffiti-Jargon könnte man ihn als »All City King« bezeichnen, denn seine Bilder sind berühmt.

Manchmal muss Sebastian Volgmann aber auch unerlaubte Schmierereien von Leuten übersprayen, die das nicht so gut können wie er. Dann werden solche Wände zu Ärgernissen. In der Unterführung zur S-Bahn-Haltestelle an der Parkstraße ist dort, wo vorher geklebt und gekleckert wurde, eine von ihm professionell gestaltete Fläche zu sehen. Nun begegnet man hier Bildszenen, die sich auf das vielseitige Leben in Rostock als »Sport- und Universitätsstadt« beziehen. Wo sich früher beim Vorübergehen viele über die Kritzeleien an der Wand geärgert haben, zücken sie heute ihr Smartphone, um ein Foto davon zu machen.

Wann sind diese Wandmalereien Kunst, wann sind sie Sachbeschädigung? Tatsache ist, dass die Stadt Rostock manchmal unter diesem Thema ächzt. Private Eigentümer und Unternehmen versuchen, den Schmierfinken mit Graffiti zuvorzukommen. Sebastian Volgmann will aber niemand sein, der Spraykunst verhindert, schließlich fühlt er sich als Teil der Szene. Unter Sprayern gilt der Grundsatz, das Werk des anderen nicht zu beschädigen. Daran halten sich nicht alle – aber die meisten.

Adresse August-Bebel-Straße/Ecke Hermannstraße, 18055 Rostock; Parkstraße/Ecke Hundertmännerstraße, 18057 Rostock; Fassadenkunst auch am Brunnenhof, August-Bebel-Straße 32A, und am Leichtathletikstadion, Kopernikusstraße 17A, 18057 Rostock | Anfahrt von der Stadtmitte über August-Bebel-Straße, links in Hermannstraße abzweigen, Graffiti dort rechts am ersten Haus | Tipp Viel Ärger gab es im November 2020 in der Leonhardstraße. Dort wurde das Bild vom Spielmann Opa »übermalt« – es wurde gereinigt und soll im Frühjahr 2021 wiederhergestellt werden.

87 Das seltsame Relief

Mit der goldenen Nase

»Nicht scheinen, sondern sein«, lautete ein Wahlspruch von Tycho Brahe, der in Rostock nicht nur wegen seiner goldenen Nase berühmt wurde, die heute noch Am Glatten Aal zu sehen ist. Das Relief mit Brahes Gesicht – goldener Nase, Sonnenuhr und Tierkreiszeichen – schuf der Bildhauer Jo Jastram. Es wurde am 13. September 1996 eingeweiht – kurz vor Brahes 450. Geburtstag. Der aus Dänemark stammende Astronom lebte von 1546 bis 1601. Die Geschichte von der goldenen Nase stammt aus seiner Zeit als Student an der Rostocker Universität: Nach einem Streit mit anschließendem Duell verlor Brahe nicht nur den Kampf, sondern auch einen Teil seiner Nase. Auslöser für den Disput soll lediglich eine mathematische Formel gewesen sein. Glücklicherweise verhalf ihm ein Mediziner zu einer neuen Nase aus einer Gold-Silber-Legierung. Erst Jahre später wurde die Existenz der goldenen Nase von Forschern infrage gestellt, denn bei der Untersuchung seines Schädels fand man keine eindeutigen Hinweise darauf.

Bedeutender aber ist das Schaffen Brahes, der mit größter Sorgfalt erstaunliche astronomische Beobachtungen machte und damit nachhaltigen Einfluss auf die damaligen Methoden der Wissenschaft ausübte. Bereits im Alter von 14 Jahren hatte ihn eine Sonnenfinsternis so stark beeindruckt, dass er sich fortan mit der Astronomie beschäftigte. Er bewies, dass Kometen Himmelserscheinungen sind, und fand heraus, dass bisherige Karten des Sonnensystems ungenau waren.

Tycho Brahe galt als ungestümer Hitzkopf, der auch immer wieder an Trinkgelagen teilnahm und häufig für Ärger sorgte. Mit seiner offenbar unkonventionellen Art sorgte der Sohn eines dänischen Adeligen auch privat für Aufmerksamkeit, als er eine Bauerstochter zum Altar führte. Sein Wissen und seine Erkenntnisse jedoch lieferten nachfolgenden Astronomen wie Johannes Kepler wertvolle Grundlagen für ihre Forschungen.

Adresse Am Glatten Aal, 18055 Rostock | **Anfahrt** von der Langen Straße an der Marienkirche vorbei über »Am Ziegenmarkt« und Kistenmacherstraße, Glatter Aal linker Hand | **Tipp** Die Astronomische Station »Tycho Brahe« befindet sich in der Gartenstadt. Neuestes Projekt ist ein Planetengarten, durch den man spazieren kann.

88 Das Slüter-Denkmal

Ein Kaplan sorgt für Krawall

»Dem Volk aufs Maul schauen« – diese oft zitierte Redensart Luthers, die sich auf seine Bibelübersetzung ins Deutsche bezieht, nahm wohl auch Joachim Slüter wörtlich. Er sprach in der niederdeutschen Sprache von der Kanzel zu den Menschen herab. Die einfachen Leute aus der Östlichen Altstadt – vorwiegend Tagelöhner, kinderreiche Familien und Handwerker – verstanden auf diese Weise auch wirklich, wovon er sprach, und strömten in seine Gottesdienste. Es heißt, er habe diese deshalb manchmal sogar nach draußen in den Kirchgarten verlegen müssen. Auf einem Gemälde von Bernard Reinhold, das im Kulturhistorischen Museum Rostocks hängt, sieht man den Gottesmann unter einem Baum stehend predigen.

Die Reformation in Rostock wurde vor allem von der Petrikirche aus vorangetrieben. Ab 1521 wirkte Slüter, der aus Dömitz an der Elbe stammte, hier als Kaplan. Oft musste er sich gegen Anfeindungen zur Wehr setzen. Vor allen Dingen kämpften natürlich Katholiken gegen ihn, die nicht so einfach ihren »alten« Glauben aufgeben wollten. 1525 musste er sogar die Stadt verlassen, weil es Morddrohungen gegen ihn gegeben hatte.

Das von Slüter im selben Jahr herausgegebene niederdeutsche Gesangbuch gilt als das älteste seiner Art. Darin sind Lieder Luthers enthalten, die Slüter ins Niederdeutsche übertragen hatte. Sechs Jahre später wurde Rostock nach langem Ringen zwischen dem Rat der Stadt, der katholischen und der protestantischen Priesterschaft offiziell evangelisch.

Das erste Denkmal für Joachim Slüter wurde 1862 an seinem 330. Todestag an der Stelle, an der sein Grab liegt, enthüllt. Sein heutiges Aussehen erhielt es 1996. Ein Baldachin aus Metall lehnt sich dezent an gotische Formensprache an. Joachim Slüter starb mit nur 42 Jahren. Ob er, wie es am Fuß des Denkmals nachzulesen steht, tatsächlich einem Giftanschlag zum Opfer gefallen ist, ist niemals geklärt worden.

Adresse Alter Markt 1 (hinter der Petrikirche), 18055 Rostock | ÖPNV mit der Straßenbahn 1, 2, 3 oder 4 von der Station Steintor IHK bis Gerberbruch, von dort über Küterbruch zum Alten Markt | Öffnungszeiten jederzeit zugänglich | Tipp Wer etwas für mittelalterliche Erlebnisgastronomie übrighat, ist im Petrikeller in der Pferdestraße 1 gut aufgehoben.

89__Die Societät

Besonderheiten von der Küste

Gebildete Rostocker Männer gründeten im Jahr 1794 eine Verbindung namens »Societät« und trafen sich fortan zu literarischen und geselligen Zusammenkünften. 1858 bezogen sie ihr eigenes großzügiges Vereinshaus an der August-Bebel-Allee, und dieses Gebäude wurde im 19. Jahrhundert zum Museum umfunktioniert. Seit 2006 nutzt es der Verein Societät Rostock maritim, um Besucher über Schiffe, die Seefahrt, Häfen, das ehemalige Fischkombinat, aber auch die Entwicklung der Raumfahrt, Fluchtwege über das Meer und aktuelle Sonderausstellungen zu informieren.

Egal, ob man sich für Schifffahrt interessiert oder nur zufällig vorbeikommt, ein Besuch lohnt sich. Man bekommt einen Einblick in die Entwicklung der maritimen Stadt Rostock und in die der Schifffahrt. Schon früh begannen Menschen, mit Fahrzeugen Gewässer zu überqueren. Mit Flößen, Einbooten, Ruderbooten, Segelschiffen, Kuttern, Frachtern und vielem mehr wurden immer wieder neue Verkehrswege erschlossen. Mit Beginn der Schifffahrt fing auch der Austausch von Waren an, andere Kulturen und Länder konnten entdeckt werden, und allmählich spezialisierten sich verschiedene Bereiche der Schifffahrt. So gibt es hier sehenswerte Schiffsmodelle zu sehen, aber auch Informationen zum Fischfang, zur Fischverarbeitung und zum Fischverkauf mit vielen (Retro-) Verpackungsbeispielen. Besonders spannend ist der Bereich mit den Fluchtversuchen. Wie einfallsreich und mutig die Menschen waren, welche Mittel und Wege sie sich ausdachten, um übers Wasser zu entkommen, und wie sie sich darauf vorbereiteten, können sich heute viele nicht mehr vorstellen.

Diverse ausgestellte Schiffsmodelle wurden auf Rostocker Werften gebaut und originalgetreu nachgebildet. Anders verhält es sich mit dem Modell im Eingangsbereich, der sogenannten Dau. Scheich Zayid bin Sultan Al Nahyan aus Abu Dhabi brachte das traditionelle Schiff als Gastgeschenk mit in die Hansestadt.

Adresse August-Bebel-Straße 1, 18055 Rostock, Tel. 0381/8579711 | **Anfahrt** von der Stadtmitte zu Fuß über Richard-Wagner-Straße, Museum links an der Ecke | **Öffnungszeiten** täglich 10–18 Uhr | **Tipp** Fast direkt gegenüber liegt das Ständehaus, in dem sich ein wunderschönes Treppenhaus befindet. Wer Glück hat, kann den Pförtner dazu überreden, einen Blick hineinwerfen zu dürfen.

90 Der Spielmann-Opa

Rostocker Kennewarden mit Treckfiedel

Die Bänke um den Brunnen der Lebensfreunde herum sind bei gutem Wetter voll besetzt. Kinder spielen am Wasser, man ruht sich vom Stadtbummel aus oder genießt sein Eis im Schatten. Der zentrale Universitätsplatz ist ein Treffpunkt und Ruhepol in der Kröpeliner Straße. Unter den großen Bäumen hat vor einiger Zeit ein neues Denkmal seinen Platz bekommen. Da sitzt mit dem Akkordeon auf den Knien der »Spielmann-Opa«, wie er von den Rostockern liebevoll genannt wurde. Auf dem Rücken hängt seine berühmte, selbst gebaute Teufelsgeige. Jahrzehntelang machte er hier in der Kröpeliner Straße oder in Warnemünde am Alten Strom Musik. Er galt als Rostocker »Kennewarden«, als sogenanntes lebendes Wahrzeichen der Stadt.

Über Herkunft und Werdegang des Spielmann-Opas ist den meisten kaum etwas bekannt. Mit richtigem Namen hieß er Michael Tryanowski, und es heißt, er sei staatenlos gewesen. Er selbst bezeichnete sich als Erdenbürger, denn die Staaten seien schließlich nur von Menschen gemacht. Sein erstes Musikinstrument war eine Harmonika, die er von seinem Pflegevater bekam. Später lernte er am Schweriner Konservatorium drei Jahre lang Saxophon, Flöte, Schlagzeug und Akkordeon. Letzteres, das auf Plattdeutsch Treckfiedel heißt, wurde später zu seinem Markenzeichen.

Im Juli 2018 starb Michael Tryanowski im stolzen Alter von 98 Jahren. Drei Jahre zuvor war ihm die Ehre zuteilgeworden, sich gemeinsam mit Rapper Marteria – in dessen Video zur Rostocker Heimathymne er einen kurzen Auftritt hatte – im Gästebuch der Hansestadt zu verewigen. Wen wundert's also, dass schon kurz nach seinem Tod der Gedanke an ein Denkmal aufkam? Der Spielmann-Opa fehlt den Rostockern in ihrem Stadtbild. Michael Wolfgang Friedrich, der die Statue geschaffen hat, stellt sich vor, dass so mancher, der die Figur von Weitem sieht, stutzt und denkt: Da sitzt er ja wieder, der Spielmann-Opa.

Adresse Universitätsplatz, 18055 Rostock | ÖPNV mit der Straßenbahn 1, 4, 5 oder 6 von der Station Steintor IHK bis Lange Straße, über Breite Straße zum Universitätsplatz | Tipp Betrachten Sie mal die besondere Architektur des Hauses in der Kröpeliner Straße 71, in dem sich heute ein McDonald's befindet. Ein Graffito, das den Spielmann-Opa zeigt, ist in der Leonhardtstraße zu sehen.

91 Der Stäbelower Flohmarkt

Diverses für Flohmarktjunkies

Trödel, Antikes, Design, Vintage, Kindersachen, Schmuck, Kuchenkreationen oder Tortenstücke – all das und vieles mehr gibt es auf den diversen Rostocker Flohmärkten zu kaufen, und zwar an fast jedem Wochenende. So beispielsweise in der Flohmarkthalle in Stäbelow, die normalerweise sonnabends und sonntags geöffnet ist. Claudia Timm heißt die Betreiberin, die sich nicht nur fürs Trödeln begeistert, sondern zudem noch eine begnadete Konditorin ist. Ihre Kuchenkreationen sind legendär. In der Halle herrscht eine gute Stimmung, denn die Händler kennen sich untereinander, und auch die Käufer kommen häufig wieder.

Beim »Stoffwechsel« dagegen geht es um Textilien. Jung, modisch, zumeist auch noch billig sind die Sachen, die aber leider nur wenige Male jährlich angeboten werden. Charlotte Berger heißt die Chefin hier, die zugleich Initiatorin des Designmarkts Ponyhof ist. Handgemachte Unikate und innovative Stücke sind bei ihr zu finden: Von Mode, Schmuck und Accessoires bis hin zu Grafik und Fotografie können die Künstler alles ausstellen. Vintage, Secondhandkleidung, Antiquitäten, Platten, Bücher und Schnäppchen findet man beispielsweise auf den Märkten im Warnemünder Dock Inn oder im Jagdschloss Gelbensande.

Aber es gibt noch diverse andere Märkte: So im Hansecenter Bentwisch, im Ostseepark Sievershagen, im Handelshof Broderstorf, bei Globus, Ikea oder Kaufland in der Südstadt. Auch auf der Trabrennbahn Doberan und in der Hanse Messe gibt es Trödel. Und in Schmarl oder im Peter-Weiss-Haus finden Nachtflohmärkte statt. Baby- und Kinderkleidung ist günstig auf dem Hosenscheißer-Flohmarkt zu bekommen, Ladyfashion erklärt sich von allein. Fast schon traditionell sind Ellen Haases Haase-Märkte und die Flohmaxx-Märkte von Berthold Janssen. Stammkunden und Händler wissen schnell, ob ein Geschäft zu machen ist. Es ist immer gut, Kleingeld dabeizuhaben und zu handeln.

Adresse Forstwiese 3, 18198 Stäbelow | **Anfahrt** A 20 bis Abfahrt Stäbelow/Kritzmow, Satower Straße Richtung Kritzmow, rechts in die Straße Zum Forsthof abbiegen, dann links dem Mühlenweg bis zur Forstwiese folgen | **Öffnungszeiten** Sa, So 10–16 Uhr | **Tipp** Wer wochentags Lust zum Stöbern hat, könnte im Secondhandladen »Magda & Vintage« fündig werden. Der kleine Laden befindet sich in der Östlichen Altstadt (Am Schwibbogen 8).

92 Der Stadtring

Versilberte Silhouette

Von Gehlsdorf hat man einen besonders schönen Blick auf Rostock. Seine Silhouette fädelt sich dann wie Perlen an einer Schnur die Warnow entlang auf. Vielleicht war es hier, während eines Spaziergangs, dass bei einer Kundin von Goldschmiedin Anette Klook der Wunsch nach einem Rostock-Ring entstand. Also wurde in der Werkstatt in der Wokrenterstraße der erste Bandring mit der Rostocker Silhouette gefertigt. Die Marienkirche, das Kröpeliner Tor und die Stadtmauer sind darauf unter anderem zu sehen. Die untere Kante des Schmuckstücks ist wellenartig geformt – daran erkennt man das Original. Die Idee entwickelte sich zum Markenzeichen der Goldschmiede. Mittlerweile gibt es unzählige Städte und Orte, kleine und große Sehenswürdigkeiten, die dort in 925er Sterlingsilber verewigt werden. Der Untergrund der Ringe wird jeweils oxidiert, sodass die Motive klarer hervortreten und gut erkennbar sind. Auch Armbänder und Anhänger mit den Wahrzeichen einer Stadt werden angefertigt. Hat man einen ganz persönlichen Wunsch, der auf ein Schmuckstück angebracht werden soll, so kann man diesen hier verewigen lassen.

Apropos verewigt. Das Wort passt gut zur Philosophie der Meisterwerkstatt. Anette Klook und ihr Team vertreten die Ansicht, dass ein Schmuckstück etwas sein sollte, das mit Erinnerungen und besonderen Ereignissen verknüpft und einen lange begleitet sollte. Manchmal ein ganzes Leben lang.

Anette Klook arbeitet mittlerweile seit mehr als 30 Jahren als Goldschmiedin. Selbstständig machte sie sich im Jahr 2000. Die Idee des Stadtrings ist eine richtige Erfolgsgeschichte und wurde schon häufig kopiert. Aber darüber ärgert man sich hier nicht allzu sehr. Schließlich kann man die Nachahmung ja auch als Kompliment auffassen. Was für eine entspannte und sympathische Sichtweise – vielleicht auch ein wenig typisch für die Menschen im Norden am Meer …

Adresse Wokrenterstraße 34, 18055 Rostock, Tel. 0381/5108620 | ÖPNV mit der Straßenbahn 1 oder 4 ab Station Steintor IHK bis Lange Straße, von dort in Wokrenterstraße | Öffnungszeiten Mo, Mi–Fr 9–17 Uhr, Di 9–18 Uhr, Sa 10–12 Uhr | Tipp Gleich hier um die Ecke steht der Hornsche Hof, eine Speicheranlage aus dem 17. Jahrhundert. Am Tag des offenen Denkmals kann man sie genauer besichtigen.

93 Der Stahlkoloss

Visionäre Energie

Ist das Kunst, oder was hat es mit dem rostfarbenen Objekt an der Werftallee vor dem alten Hauptgebäude der einstigen Warnow Werft auf sich? Es ist weder Kunst noch ist es alt oder kann weg. Es gehört zur zukünftigen nachhaltigen Versorgung der Kreuzfahrtschiffe, die hier in Warnemünde normalerweise ein- und auslaufen. Die Landstromanlage, die 2020 mit der Stromversorgung der ersten AIDA-Schiffe starten sollte, wurde optisch aufgehübscht und mit dem Schriftzug »Neuer Strom« versehen. Ob sich dahinter auch ein Künstler verbirgt, war der Touristenzentrale nicht bekannt. In jedem Fall aber haben sich die Stadt Rostock, das Land Mecklenburg-Vorpommern, der Hafen und AIDA zusammengetan, um den Weg für umweltfreundlichere Kreuzschifffahrten zu ermöglichen.

Warnemünde hat sich in den vergangenen Jahren zu einem der wichtigsten Reisewechselhäfen entwickelt, sodass die zukunftsorientierte Energieversorgung hier Sinn macht. Nach und nach sollen die Schiffe ans Stromnetz geschlossen werden – die Größe der Stecker dürfte enorm sein. Das Wichtigste ist aber, dass der Strom, der theoretisch für Warnemünde und die umliegenden Dörfer ausreichen würde, sauberer und weniger umweltbelastend als die bisher rauchenden Dieselgeneratoren ist und so hoffentlich die Immissionen von Stickoxiden und Feinpartikeln reduziert werden können. Nach Hamburg und Kiel ist Warnemünde nun der dritte deutsche Hafen, der diesen neuen Weg geht.

Sollte es nach Plan laufen, können Kreuzfahrtschiffe auf den Liegeplätzen P7 und P8 zukünftig direkt ihre Energie von der Landstromanlage beziehen. Der Stahlkoloss, hinter dem sich Trafos und Umformer verbergen, ist ein gekonntes Meisterwerk – vor allem aber wegen der Visionen, für die er steht: grüner Strom, umweltfreundlichere Kreuzfahrten, weniger Luftverschmutzung, nachhaltig und zudem weltweiter Vorreiter und in seiner Kapazität ausbaufähig.

Adresse Werftallee Warnemünde / Ecke Karl-F.-Kerner-Straße, 18119 Warnemünde | Anfahrt der B 103 nach Warnemünde folgen, dann rechts in Karl-F.-Kerner-Straße und zur Werftallee | Tipp Werfen Sie einen Blick in die gegenüberliegende Unterführung (S 1, Haltestelle Warnow Werft). Die Wandmalereien erzählen einiges aus der Rostocker Geschichte.

94 Der Strandkorb

Erfolgreiche Idee

Den Strandkorb hat ein Rostocker erfunden, doch die sensationelle Idee, diesen zu vermieten, hatte seine Frau. Wilhelm Bartelmann (1845–1930) hieß der gewiefte Tüftler, der gemeinsam mit seinem Lehrling Johann Falck für eine alte Dame das erste Modell entwarf. Es war ein klappbarer »Halblieger«, dem unzählige andere folgten.

An Warnemündes Stränden standen 2019 rund 1.900 Strandkörbe, im Jahr 1882 war es einer. Es war eine Spezialanfertigung für eine an Rheuma erkrankte Urlauberin, die trotz ihrer Krankheit an den Strand wollte. Bartelmann war Korbmacher und hatte bereits als 25-Jähriger sein Geschäft in Rostock eröffnet. Einige Jahre später erfüllte er Elfriede von Maltzahn den Wunsch, geschützt am Strand sitzen zu können. Das Modell war zwar nur ein Einsitzer und wurde spottend »aufrechtstehender Wäschekorb« genannt, sorgte aber für solches Aufsehen, dass die Nachfrage schon bald groß war. Als »Strandkörbe« bezeichnete Bartelmann seine geschützten Sitze für den Strand. Patentieren ließ er sich seine Idee nicht, sodass schon bald andere Korbmacher den Strandkorb nachbauten.

Doch seine gewiefte Ehefrau Elisabeth ging einen Schritt weiter und verhalf dem Strandkorb zum langfristigen Erfolg. Sie erkannte, dass kaum ein Urlauber sich diese Art von Strandstuhl kaufen und mit nach Hause nehmen könnte und würde. Deshalb überlegte sie, die Strandkörbe an die Küste zu stellen und zu vermieten. Am Leuchtturm 10, wo sich heute eine Gedenktafel befindet, eröffnete der erste Strandkorbverleih. Weitere Bartelmann-Strandkorbvermietungen folgten an sechs Standorten an der Ostsee. Sohn Max eröffnete 1903 sein eigenes Strandkorb-Geschäft in Kühlungsborn, und das ist hier bis heute zu finden. Das Geschäft der Familie in Rostock bestand bis 1942. Der Korbmacher bezeichnete sich trotz seines großen Erfolges und der Massenproduktion zeitlebens bescheiden als Handwerker und nicht als Fabrikant.

Adresse Am Leuchtturm 10, 18119 Warnemünde | Anfahrt über die B 103 bis Warnemünde, in Kurhausstraße und weiter in Seestraße oder am Strand entlang Richtung Leuchtturm | Tipp Das Geschäft der Familie Falck, das der ehemalige Lehrling Bartelmanns gegründet hat, besteht inzwischen in der vierten Generation und befindet sich in der Wismarschen Straße 5. Dort gibt es Korbwaren, Rattanmöbel, Geschenkartikel und Wohnaccessoires zu kaufen.

95 Die Studentenbude

Leidenschaftliche Zeit

Rebell, Freiheitskämpfer, Maler, Zeichner, Schriftsteller – das sind nur einige der Begriffe, mit denen der bekannteste Dichter der niederdeutschen Sprache bezeichnet wurde. Auch diverse Orte in Rostock erinnern an Fritz Reuter (1810–1874): Straßen aus seinen Erzählungen, ein Platz und ein Stadtteil. Der Sohn des Bürgermeisters aus dem mecklenburgischen Stavenhagen war schon als Kind wild und ungestüm, liebte Sport und zeichnete gern, entsprach aber nicht den Erwartungen seines Vaters. Er kam 1831 als Jurastudent in die Stadt, schloss sich einem Corps an, zeigte sich auch hier rebellisch und lebhaft und wurde bald aus der Verbindung ausgeschlossen.

Seine Studentenwohnung, in der er gerade mal eineinhalb Jahre wohnte, befand sich in der Lagerstraße 46, wo auch ein Hinweisschild angebracht ist. In unmittelbarer Nähe liegt heute der Verlag, der ihn später berühmt machte.

Reuter war weder Freund noch Anhänger von John Brinckmann, dem anderen bekannten Schriftsteller der Stadt, und auch Rostock kehrte er nach kurzer Zeit den Rücken. Er kämpfte und stritt, wurde wegen seiner radikalen Einstellungen inhaftiert, zum Tod verurteilt und dann doch begnadigt. Unermüdlich zeichnete und malte er die Menschen, die ihn umgaben. Er arbeitete als Turn- und Zeichenlehrer, entwarf selbst Turngeräte und entdeckte schließlich die niederdeutsche Sprache für seine schriftstellerische Arbeit. Im Alter von 35 Jahren begann er zu schreiben. »Läuschen un Rimels« war sein erster Erfolg, durch den der Hinstorff-Verlag auf ihn aufmerksam wurde. Dies gilt als Sternstunde für beide. Reuter wurde bekannt und arbeitete gemeinsam mit dem Verleger Carl Hinstorff an der Wiederbelebung des Niederdeutschen. Der Verlag gibt bis heute seine Schriften heraus. Auch die Rostocker Universität »rehabilitierte« den einst aufsässigen Studenten: 1863 erhielt Fritz Reuter die Ehrendoktorwürde.

Adresse Lagerstraße 46, 18055 Rostock; Braesigplatz und andere Straßen in Reutershagen, 18069 Rostock | ÖPNV mit der Straßenbahn 1, 4, 5 oder 6 von der Station Steintor IHK bis Lange Straße, zu Fuß ein kleines Stück die Straße zurück bis Lagerstraße | Tipp In der Kröpeliner-Tor-Vorstadt befinden sich die legendären Fritz Reuter Stuben.

96 Der Tabakladen

Rauchwaren aus der ganzen Welt

Familie Nitz ist schon seit Urzeiten im Tabakgeschäft. Zigarren und Zigaretten als Suchtmittel zu bezeichnen – das entspricht nicht ihrer Sichtweise. Für sie handelt es sich bei ihrer Ware eindeutig um Genussmittel. Außerdem gibt es heutzutage eine Menge anderer feiner Stöffchen in ihrem Läden. Das sinkende Ansehen der Glimmstängel haben sie nicht verschlafen und deshalb ihr Sortiment erweitert. Neben verschiedenen Sorten Gin in schönen Flaschen – der Wacholderschnaps liegt ja gerade schwer im Trend – bieten sie Rum, Whisky und eine Reihe Mecklenburger Spirituosen an. Zeitschriften und eine Lotto-Annahmestelle verstehen sich von selbst. Mittlerweile vertreiben sie ihre Waren auch in einem Onlineshop. Das liegt sicher auch daran, dass der Nachwuchs seit 2012 den Laden schmeißt. Antje Hoffmann und Anett Nitz sind quasi mit dem Geruch der Rauchwaren groß geworden.

Sehenswert ist das kleine Geschäft an der Breiten Straße, das man als Urzelle bezeichnen kann, allemal. In der Hausnummer 11 befindet sich schon seit Ewigkeiten ein Tabakladen, in dem bereits Werner Nitz' Mutter angestellt war. Die Inneneinrichtung dieses Ladens steht unter Denkmalschutz, und das seit DDR-Zeiten. Die hölzernen Einlegearbeiten an der Rückwand wurden restauriert. Man muss ein bisschen näher herantreten, um die Figuren und Texte genau erkennen zu können. Der Verkaufstresen, dessen Original aus dem Jahr 1955 stammte, wurde vorbildgetreu nachgebildet. In einem Bereich des Stammladens befindet sich ein Humidor. Dort werden die teils kostbaren Zigarren mit der feuchten Luft versorgt, die sie benötigen. Die Tabakstumpen können ja bekanntlich stolze Preise erreichen. Tabak Nitz verkauft auch Zigarren und Pfeifentabak der John-Aylesbury-Gruppe. Die vertreibt ihre Waren vornehmlich über Traditionsgeschäfte, in denen der Kunde noch eine kompetente Beratung erhält. Davon kann man hier ausgehen.

Adresse Breite Straße 11, 18055 Rostock, Tel. 0381/31135, www.tabak-nitz.de | ÖPNV mit der Straßenbahn 1, 4, 5 oder 6 von der Station Steintor IHK bis Lange Straße | Öffnungszeiten Mo–Fr 8–18.30 Uhr, Sa 8–18 Uhr | Tipp Um die Ecke, am Ziegenmarkt 4, befindet sich neben dem Giebelhaus eine angebaute »Bude«. Sie ist ein seltenes Beispiel einer im 18. Jahrhundert errichteten Wohnstelle für ärmere Leute.

97 Der Teepott

Sensationelles Gebäude

Insgesamt 74 Schalenbauten schuf der Architekt und Bauingenieur Ulrich Müther (1934–2007). Sein allererstes Werk dieser Art ist der Warnemünder Teepott. Spektakulär war schon der Bau selbst, der in den 70er Jahren entstand. Die Sensation aber war das Schalendach, das als »Wunder« bezeichnet wurde. Die moderne Dachkonstruktion, die in Zusammenarbeit mit den Architekten Erich Kaufmann, Carl-Heinz Pastor und Hans Fleischhauer entstand, wurde in rasendem Tempo gebaut. Innerhalb von sieben Monaten war der Bau – mit Bars, einem Restaurant und einem Café mit Tanzfläche –, der von einem geschwungenen Dach gekrönt wurde, fertiggestellt. Zur 750-Jahr-Feier Rostocks fand die Eröffnung statt. Für Müther war es der erste Rundbau, bekannt wurde er aber vor allem mit seiner Dachkonstruktion und den folgenden Schalenbauten, denen er sich ansatzweise schon in seiner Diplomarbeit gewidmet hatte. Wenngleich es schon in den 1920er Jahren Vorläufer der Schalenbauten gab, galt Müther als einer derjenigen, die sie am häufigsten einsetzten, und zudem als maßgeblicher Mitgestalter der Moderne in der ehemaligen DDR. Das Besondere an den Schalenbauten sind die dünnen Dachkonstruktionen, die trotzdem eine große Stabilität aufweisen, sowie ihre Spannweite und die Leichtigkeit, die sie ausstrahlen.

Der Name des Gebäudes geht auf einen Teepavillon zurück, der zwischen 1925 und 1926 gebaut wurde. Der runde flache Bau wurde von Walter Butzek, einem Vertreter der Neuen Sachlichkeit, entworfen, und das gastronomische Angebot erfreute sich lange Zeit großer Beliebtheit. Im Zweiten Weltkrieg bewohnten Arbeiter der Heinkelwerke das Gebäude, bis es 1945 abbrannte.

Rund ist der heutige Teepott auch wieder, gastronomische Angebote gibt es ebenfalls. Ein Blick ins Innere oder ein Cocktail in der Bar lohnen sich schon wegen der Aussicht. Dem Bau wurde 2018 der Titel »Historisches Wahrzeichen der Ingenieurbaukunst in Deutschland« verliehen.

Adresse Seepromenade 1, 18119 Warnemünde | Anfahrt über die B 103 bis Warnemünde, in Kurhausstraße und weiter in Seestraße fahren, dann auf die parallel verlaufende Seepromenade Richtung Leuchtturm | Tipp Einige Schritte weiter Richtung Mole befindet sich ein altes Lotsenhaus, in dem heute ein hübsches Café eingerichtet ist: das Backstubencafé im Lotsenhaus.

98 Der Traditionsbrunnen

Warnminner Ümgang

Eigentlich ist es nur ein Brunnen mit Figuren, aber genau dieser erzählt einiges über die Warnemünder Geschichte und das hiesige Brauchtum. Der Rostocker Bildhauer Wolfgang Friedrich schuf den Brunnen mit 19 Bronzefiguren, der von einer Tradition des Ortes »vertellt«. Es ist die Geschichte vom »Warnminner Ümgang«, auf Hochdeutsch »Warnemünder Umgang«. Demnach wendeten sich die Warnemünder Bürger schon vor langer Zeit gegen die Vorherrschaft der Stadt Rostock und zogen jedes Jahr zum städtischen Vogt. Mit Zylinder und feinem Anzug oder Kostüm bekleidet, gingen sie durch die Straßen und waren »dem Rade und der Stadt Rostock gehorsam, truw und hold«. Damit ist gemeint, dass sie der Stadt treu dienten und brav ihren »Zins und Güld« entrichteten. Denn die Warnemünder wurden von der Hansestadt immer ein wenig kurzgehalten und bis ins 19. Jahrhundert dominiert. Hatten sie aber einen neuen Wortführer, den »Wuurdholler«, bestimmt, zogen sie von Warnemünde gen Rostock. Die »steenpötschen Warnminner« wollten sich der Vorherrschaft widersetzen und initiierten ihren »Ümgang«.

Der Bildhauer erinnert in der Alexandrinenstraße an dieses Ereignis. Auch mit dem jährlich stattfindenden »De niege Ümgang« wird das Erbe wachgehalten. Im Juli treffen sich die Bürger und Vereine zum Umzug und zur anschließenden Eröffnung der Warnemünder Woche. In historischen Gewändern und Tracht, als Neptun, Nixe oder in Vereinskleidung ziehen sie am Morgen durch die Straßen, um anschließend auf der Bühne am Leuchtturm historische Persönlichkeiten wie den Lotsenkommandanten Stephan Jantzen oder Großherzogin Alexandrine vorzustellen und die Festwoche zu eröffnen.

Die alteingesessenen Warnemünder sind für ein ausgeprägtes Heimatgefühl bekannt, und das kann auch auf die Besucher überspringen. Spätestens beim »Brautwaschen« merken diese, dass sie ins Geschehen mit einbezogen werden, wenn nicht die Braut, sondern die Gäste »gereinigt« werden.

Adresse Alexandrinenstraße 113, 18119 Warnemünde | Anfahrt in der Poststraße links abbiegen, am Ende rechts in Kirchenplatz, hier parken und einige Meter zu Fuß weiter, Brunnen rechter Hand | Tipp Historische Verkleidungen und andere Kostüme gibt es in Gehlsdorf beim Kostümverleih Klamöttchen (Am Hechtgraben 14).

99__Das Trafohaus

Am Lokschuppen

Einen Waggon der Deutschen Reichsbahn, einen Zuganhänger mit der Aufschrift Mecklenburg–Schwerin, einen alten Lokschuppen und einen neuen Laden, der 2020 an der Warnow »angelokt« hat, findet man im Stadthafen. Güterzüge verkehrten hier tatsächlich, um Waren vom ehemaligen Friedrich-Franz-Bahnhof zum Hafen zu transportieren. Ab 1853 gab es die Verbindung, und nur wenige Spuren aus dieser Zeit sind erhalten geblieben. So der alte Lokschuppen, der eigentlich gar keiner ist, denn das Gebäude diente bei der Abfertigung von Hafengütern als Abstellraum. Die Lok und der Anhänger kamen erst später hierher. Am Güterschuppen, der inzwischen unter Denkmalschutz steht, sind noch die Laderampen zu erkennen. Daneben befanden sich ein Dienst- und ein Abfertigungsgebäude sowie ein Trafohaus.

Der Lokschuppen von 1888 wird inzwischen vollkommen anders genutzt: Hier wird vor allem gefeiert. Der große Raum für Feste und Veranstaltungen reicht für bis zu 200 Personen. Die ehemaligen Laderampen sind nun Terrassen, die ebenfalls gemietet werden können und einen perfekten Blick auf die Warnow bieten.

Auch aus dem Trafohaus, das 2020 von Müll und Schutt befreit wurde, ist ein kleines Schmuckstück geworden. Das Abfertigungsgebäude wurde abgerissen, die alte Diesellok vor der Tür dagegen ist heute eine Art Publikumsmagnet. Erst bleiben die Menschen vor der Lok stehen, dann nehmen sie den Laden von Angela Holz und den Lokschuppen wahr. Bei »Angelokt« gibt es alles, was man für ein schönes und behagliches Zuhause braucht: kleine Mitbringsel vom Meer, aber auch Spezialitäten wie Senf oder Salz, handgeschöpfte Schokolade oder Spirituosen aus der Region. Das Trafohäuschen elektrisiert nun nicht mehr den Stadthafen, sondern Deko- und Detailverliebte. Auch Vasen, Kerzen, Windlichter und maritimen Weihnachtsbaumschmuck findet man hier. Und herrliche Blumen gibt es bei »Angelokt« auch.

Adresse Angelokt, Am Strande 2F, 18055 Rostock; Lokschuppen, Am Strande 2C, 18055 Rostock | **Anfahrt** über Grubenstraße Richtung Stadthafen, dort rechter Hand Parkhaus, Laden und Lokschuppen auf der linken Seite | **Tipp** Achten Sie auf die Tore der Stadt. Das Kuhtor beispielsweise (Hinter der Mauer 1), durch das viele Jahre die Kühe auf die Warnowwiesen getrieben wurden, ist wahrscheinlich das älteste erhaltene Stadttor Norddeutschlands und zugleich Rostocks ältestes Tor der einstigen Befestigungsmauer.

100 Das Trajekt

Lost Place am Neuen Strom

Viel ist nicht geblieben von der ältesten deutschen Eisenbahnfährverbindung nach Skandinavien. Auf zwei Schautafeln am Ende der Mittelmole ist einiges über ihre Geschichte nachzulesen. Dahinter, nahe dem Parkplatz, befindet sich ein Abschnitt der übrig gebliebenen Gleisanlage. Sie ist heute von einem Bauzaun umgeben. Schon eine Weile wird über die künftige Nutzung der Mittelmole gestritten. Nun soll erneut geprüft werden, ob sich das Fleckchen am Wasser überhaupt für eine Bebauung mit Wohnungen eignet.

Dass es hier einmal ein sogenanntes Trajekt, nämlich eine Eisenbahnfähre und die erste internationale Verbindung dieser Art überhaupt gab, ist heute nur noch wenigen bewusst. Das starke Anwachsen der Eisenbahnnetze in Deutschland und Dänemark hatte Ende des 19. Jahrhunderts zu der Idee geführt, die beiden Länder enger miteinander zu verbinden. In Warnemünde entstanden neue Hafenanlagen, und man errichtete einen neuen Bahnhof. Der steht unter Denkmalschutz und wurde in den 90er Jahren renoviert. Heute befindet sich dort das Reise-Center der Deutschen Bahn. Außerdem wird die Warnow in ein neues Bett, den Neuen Strom, umgeleitet. Im September 1903 nahm das Trajekt seinen Betrieb auf. Die neuen Fähren fuhren von Berlin und Hamburg aus zweimal täglich nach Gedser in Dänemark. Über eine 30 Meter lange Gleisbrücke wurden die Züge auf die Schiffe verladen. Die Eisenbahnverbindung überdauerte die Jahrzehnte. Nach dem Bau der Mauer gehörte die Trajektanlage zum Sperrgebiet, das Reisen wurde durch den sich nun dort befindenden Grenzübergang erschwert. DDR-Bürger konnten nur nach Rostock und Berlin reisen, erst nach der Wende standen ihnen wieder beide Richtungen offen. Die Verbindung wurde vor allem zu Beginn ausgiebig genutzt, verlor aber bald an Attraktivität, weil die Züge sehr langsam waren. Am 24. September 1995 verließ die letzte Eisenbahnfähre die Anlage.

Adresse Mittelmole, 18119 Warnemünde | Anfahrt der B 103 zum Warnemünder Bahnhof folgen | Tipp Samstags und sonntags von 8 bis 18 Uhr ist Fischmarkt am Alten Strom. Dort kann man direkt vom Kutter frischen Ostseefisch kaufen.

101 Der Uferweg

Ein Hauch von Altona in Rostock

»Al to nah« liegt Gehlsdorf am Zentrum, sodass es als »Altona von Rostock« bezeichnet wurde. Betuchte Bürger entdeckten es als Sommerfrische- und Wohnort. Den heutigen Uferweg gab es noch nicht, doch der bietet den besten Blick auf die Stadt. Die Strecke entlang der Warnow ist einige Kilometer lang und führt zwischen Wiesen und Wasser vorbei an Stegen, Jacht- und Segelclubs zu alten Villen. Fast ununterbrochen begleitet einen die Skyline der Hansestadt: die modernen silbernen Bauten des Kreuzfahrtunternehmens AIDA, die alten Getreidespeicher, die Kirchturmspitzen, der Stadthafen, das Hochhaus der Langen Straße, das einem backsteingotischen Giebelhaus nachempfunden ist, das ehemalige Werftgelände, die modernden Bauten direkt am Fluss bis hin zum Rostocker Fischereihafen. Der Weg führt am Rostocker Jachtclub vorbei und lädt zur Einkehr im Restaurant »Zum alten Fährhaus« ein.

Man sollte auf jeden Fall auch den Ort, in dem sich die wunderschönen Villen befinden, besuchen. Gehlsdorf entwickelte sich im 19. Jahrhundert zu einer bevorzugten Wohngegend und zog nicht nur Reeder, Kapitäne und Kaufleute an, sondern auch Künstler wie die Maler Paul Wallat oder Georg Kaulbach, die sich hier ansiedelten und eigenwillige Häuser errichten ließen. Auch der heimische Physiker und Erfinder Paul Moennich gab sich hier später seiner Begeisterung für Malerei und Fotografie hin. In der Fährstraße 13 baute er sich eine herrliche Villa nach italienischem Vorbild in einem Park. Gerade in dieser Straße und in unmittelbarer Nachbarschaft finden sich einige ansehnliche Häuser. In der Gehlsheimer Straße 20 liegt eine Krankenhausanlage mit dazugehörigem Park, die Ende des 19. Jahrhunderts als Nervenheilanstalt fungierte.

Schon Wilhelm von Humboldt gefiel die Landschaft rund um Rostock: »Sie ist zwar durchaus flach, aber lachend und grün.« So wie der Gehlsdorfer Uferweg.

Adresse Uferpromenade, 18147 Rostock | ÖPNV mit der Straßenbahn 1 von der Station Steintor IHK bis Dierkower Kreuz, von hier mit Bus 45 bis Gehlsheimer Straße und zur Uferpromenade | Tipp Die Villa Cords in der Fährstraße 14 gehört zu Rostocks bedeutendsten Häusern im Stil der Bauhausarchitektur. Sie entstand um 1928 nach den Entwürfen des Architekten Emil Pohle.

102 Das Ulmicum

Ein Unikum

Warum nicht mal auf einem alten Kasernengelände entspannen, gratis ein Buch auf einer Wiese inmitten von Studenten lesen oder ein Mittagessen in einem ehemaligen Pferdestall einnehmen? All das kann man am Rand der Kröpeliner-Tor-Vorstadt. Kaum zu glauben, dass hier einst Soldaten aufmarschiert sind, lediglich die roten Backsteingebäude rund um das Grundstück des heutigen Ulmicums erinnern an vergangene Zeiten. Hier befand sich die ehemalige Infanteriekaserne mit Exerzierhaus, Stabs-, Wirtschafts- und Arrestgebäuden, einer Latrine (die beim Umbau ausgebuddelt wurde), einer Reithalle und dem Exerzierplatz. Der hat sich in einen Rasen verwandelt, auf dem orangefarbene Bücherbänke zum Verweilen einladen. Die Bänke eignen sich tatsächlich nicht nur zum Lesen, sondern sie enthalten auch Lesestoff, an dem man sich bedienen darf.

Weniger beschaulich ging es hier während der Nutzung durch die Soldaten zu. Zuerst bezog das I. und III. Bataillon des Großherzoglichen Mecklenburgischen Füselierregiments Nummer 90 »Kaiser Wilhelm« hier sein Quartier. In den 1930er Jahren wurde das Gelände in »Blücher-Kaserne« umbenannt, 1938 in »Witzleben-Kaserne«. Zu DDR-Zeiten wurden Einheiten der Sowjetarmee und der Nationalen Volksarmee hier beherbergt. Erst mit dem Abzug der Roten Armee im Jahr 1994 endete die militärische Nutzung nach mehr als 100 Jahren endgültig. Jetzt steht das Gelände der Universität zur Verfügung, und es wurde um ein nach Arno Esch benanntes Hörsaalgebäude erweitert. Die Mensa »Ulme 69« befindet sich in der alten Reithalle, wird aber voraussichtlich 2021 in ein größeres Gebäude umziehen.

An Sommertagen verwandelt sich der alte Exerzierplatz in eine Picknickwiese und einen Treffpunkt, bevor es in die nahe gelegenen Lokalitäten der Kröpeliner-Tor-Vorstadt geht. Ein idyllisches Ambiente macht sich dann auf dem Campus breit – zuweilen mit Gitarrenuntermalung.

Adresse Ulmenstraße 69, 18057 Rostock | ÖPNV mit der Straßenbahn 1 von der Station Steintor IHK bis Parkstraße, von dort zu Fuß weiter | Tipp Rostock hat eine der ältesten Mensen. 2019 feierte die Uni die Eröffnung der ersten »mensa academica« vor 100 Jahren. Sie befand sich in einem Hinterhaus im Friedhofsweg 11.

103 Die Universität

Spürbare Gelehrsamkeit

Kommt man an der Rostocker Universität vorbei, sollte man unbedingt einen Blick in das altehrwürdige Hauptgebäude mitten in der Fußgängerzone werfen. Denn hier wird Geschichte spürbar. Die Universität wurde bereits im Jahr 1419 gegründet und gehört damit zu den ältesten Hochschulen Deutschlands, und sie ist die älteste Universität an der Ostsee. Die Professoren und Studenten kamen von nah und fern, die Universität genoss einen hervorragenden Ruf. Schon Ulrich von Hutten äußerte sich 1509 voller Begeisterung über den »beschwingten Geist«, aber auch die Freiheit, die an der Universität herrschte.

Eine Ahnengalerie, Büsten von Gelehrten aus der Antike, eine schmiedeeiserne Treppe, Skulpturen und Gedenktafeln schmücken das Innere des Gebäudes. Eine Schatzkammer mit Besonderheiten der Uni befindet sich im Erdgeschoss. Das heutige Gebäude entstand im 18. Jahrhundert, nachdem das erste »Große Kollegium«, das nach einem Anstrich in »Weißes Kollegium« umbenannt wurde, zu zerfallen begann. »Zur Ehre Gottes erbaute Friedrich Franz II. dieses akademische Haus«, steht heute in lateinischer Sprache daran. 1867 wurde der Grundstein für das heutige Gebäude gelegt – im Jahr des silbernen Thronjubiläums des Großherzogs. 1870 war die Eröffnung.

An der Außenfassade sind Personen und Köpfe verewigt, die eng mit der Universität verbunden waren: Herrscher, Gelehrte, Angehörige des Klerus und Persönlichkeiten der Stadt. Berühmte Menschen gingen hier ein und aus, darunter Nobelpreisträger, Schriftsteller, auch der Archäologe Heinrich Schliemann und der spätere Bundespräsident Joachim Gauck.

Max Planck und Albert Einstein empfingen in Rostock die Doktorwürde. An weniger schöne Zeiten mahnt eine Gedenktafel für Arno Esch im Eingangsbereich. Er war für Freiheit, Demokratie und Menschenrechte im Osten Deutschlands eingetreten und musste dafür mit dem Leben bezahlen.

Adresse Universitätsplatz 1, 18055 Rostock | ÖPNV mit der Straßenbahn 1, 4, 5 oder 6 von der Station Steintor IHK bis Lange Straße, von hier zum Universitätsplatz | Tipp Die Universität hat bereits seit 1970 ein eigenes Kabarett namens »ROhrSTOCK«, das regelmäßig und an unterschiedlichen Veranstaltungsorten auftritt. Es gilt als dienstältestes aktives Studentenkabarett Deutschlands.

104 Das Verlagshaus

Heimatverbunden seit 190 Jahren

Auf Geschichten und Literatur aus der Heimat legt der Rostocker Hinstorff-Verlag besonderes Augenmerk. Kein Wunder, hatte doch der niederdeutsche Dichter Fritz Reuter dem einstigen Verlagsgründer Carl Hinstorff vor langer Zeit zum Erfolg verholfen.

Im Jahr 1831 gründete er den Verlag in Parchim und verlegte vorerst juristische Bücher, ab 1864 erschien dann die erste Ausgabe des »Rostocker Tageblatts«. Und dann setzte der große Erfolg mit dem Dichter Fritz Reuter ein. Als die ersten Geschichten des heimatverbundenen Schriftstellers ein Erfolg wurden, halfen sich der Verlag und sein Autor quasi gegenseitig. Beide wurden in Rostock, dann in Mecklenburg und über die Grenzen hinaus bekannt. Hinstorff bot dies die Möglichkeit, sein Verlagsprogramm um Unterhaltungsliteratur zu erweitern Das lief einige Zeit sehr gut, doch mit dem Tod des Firmengründers schwand vorübergehend der Erfolg. Erst durch den geschickten Verleger Erichson, der 1907 die Druckerei kaufte und fortan die Geschicke des Verlages leitete, ging es wieder aufwärts.

Der Autor Franz Fühmann schreibt, dass der Verlag seinen Ursprungscharakter behalten habe und ein Beispiel für die mecklenburgische Daseinsart sei. »Die Rostocker 7« heißt ein Buch aus dem Verlag – es ist ein typisches Beispiel für Regionalliteratur und beinhaltet Geschichten über Feste, Personen und Besonderheiten, die von verschiedenen Autoren geschrieben wurden. Oder das Rostocker Lexikon, das einen Überblick über die wichtigsten Daten, Fakten, Personen und Institutionen Rostocks liefert. Bis heute liegt der Fokus des Verlages auf Mecklenburg. Aber auch Autoren wie Jurek Becker oder Ulrich Plenzdorf wurden »entdeckt« und verlegt. »Die neuen Leiden des jungen W.« wurde zum Renner des »Suhrkamp des Ostens«. 2021 besteht der norddeutsche Verlag bereits seit 190 Jahren. Seit 1987 befindet sich der Verlag in der Lagerstraße 7.

Adresse Lagerstraße 7, 18055 Rostock | ÖPNV mit der Straßenbahn 1, 4, 5 oder 6 von der Station Steintor IHK bis Lange Straße, von hier ein kleines Stück zurück zur Lagerstraße | Tipp Unweit des Verlages befindet sich in einer Hofdurchfahrt ein Wandbild, auf dem die »Rostocker 7« abgebildet sind: sieben Türme, sieben Tore, sieben Straßen und so weiter.

105 Die verschwundene Kirche

Würdiges Andenken

Die zipfelmützenartige Kirchturmspitze von St. Petri reicht weit in den Himmel und ist nicht zu übersehen. Dort, wo einst die Jakobikirche stand, erinnern heute jedoch nur mächtige Stelen an sie, und viele laufen daran vorbei. Auch der ehemalige Grundriss der Kirche ist zu sehen, bewachsen von Gras. Ein paar Apfelbäume stehen hier, ein Relief aus vergangenen Zeiten hängt an der Mauer, Bänke und Mauern bieten sich zum Verweilen an. Wenn einem die Geschichte des Platzes bewusst ist, kann schon mal ein eigenartiges Gefühl aufkommen.

Die Jakobikirche war zwar die jüngste der Hauptkirchen Rostocks, doch zählte auch dieses beeindruckende Bauwerk zu den Wahrzeichen der Hansestadt. Um 1300 wurde mit dem Bau begonnen, und dieser sollte besonders prächtig werden. Die Stadt wollte damit ihre wachsende Bedeutung und den damit verbundenen Reichtum zum Ausdruck bringen. Damals war Rostock noch in die Teilstädte Alt-, Mittel- und Neustadt unterteilt, und jeder Bereich hatte seine eigene Kirche mit Marktplatz. Die dreischiffige Backsteinbasilika St. Jakobi und der dazugehörige Marktplatz befanden sich in der Neustadt. Nachdem die Kirche 1942 größtenteils zerstört worden war und eine Bunkersprengung 1947 weitere Teile zum Einsturz gebracht hatte, blieb eine Ruine zurück. Diese musste schließlich mit der Neugestaltung der Langen Straße komplett weichen. Sie passte nicht zur neuen sozialistischen Architektur. Der alte Kirchenplatz wurde umbenannt, und Imbissbuden wurden aufgestellt.

Jetzt befindet sich hier ein Erinnerungspark direkt hinter der Einkaufsmeile Kröpeliner Straße und zeigt die Dimension des damaligen Bauwerks. Bronzeplatten vergegenwärtigen die Standorte von Altar, Orgel, Fürstenstuhl und den Portalen. Mit einem Bibelvers wird das Gotteshaus gewürdigt: »Herr, ich habe lieb die Stätte deines Hauses und den Ort, da deine Ehre wohnt«.

Adresse Bei der Jakobikirche (zwischen Pädagogien- und Apostelstraße), 18055 Rostock | ÖPNV mit der Straßenbahn 1, 4, 5 oder 6 von der Station Steintor IHK bis Lange Straße | Tipp Mit einer Nachtwächtertour lässt sich Rostocks Geschichte auf besondere Art und Weise erfahren. Der Nachtwächter ist ein Historiker, der zumeist mit Wortwitz seine Gruppe begleitet (Infos bei der Touristinfo oder unter Tel. 0381/25222944).

106 Die Wandbilder

Klinkerkunst und Plastiken

Den Möwenflug hat Reinhard Dietrich (1932–2015) gleich zweimal in Rostock verewigt: als Wandrelief an der Langen Straße und als Skulptur an der Strandpromenade von Warnemünde. Der Bildhauer war in der Hansestadt besonders in den 1970/80er Jahren einige Jahre überaus aktiv. Präsent ist er bis heute, wenngleich er seine letzten Lebensjahre in Dresden verbrachte. Seine riesigen Wandreliefs in unterschiedlichen Stadtteilen tragen zu einem außergewöhnlichen Erscheinungsbild bei. Bis zur Wende schuf er für die Hansestadt die unterschiedlichsten Wandreliefs an diversen Plattenbauten, aber auch Skulpturen, Betonplastiken, Keramikreliefs oder Terrakottafiguren.

Bäume, Vögel, Sonne, Luft und Erde, Fesselballons, Drachen und die Luftfahrt sind die Motive seiner Bilder, die mit Hilfe von versetzten oder unterschiedlich farbigen Klinkern gebildet werden. Die »Sonnenblumen«, die im Jahr 1979 in Lichtenhagen entstanden, machten Furore und waren in den unterschiedlichsten Medien zu sehen, als es im August 1992 im sogenannten Sonnenblumenhaus zu Ausschreitungen gegen Ausländer kam. Dabei störten Randalierer und Schaulustige den Einsatz von Polizei und Feuerwehr. Das Sonnenblumenhaus wurde zu einem dunklen Kapitel in der Geschichte Rostocks. Dietrichs Witwe distanzierte sich nach dem Tod ihres Mannes von dem Bild und erklärte, dass der Architekt des Hauses seine ursprüngliche Idee umgesetzt hatte.

Dietrich hinterließ seine Spuren an vielen Orten der Ostseeküste. Die Wandbilder und ihre Motive spiegeln die Euphorie wider, die damals mit dem Bau neuer Wohnsiedlungen verbunden war. Kunst am Bau gehörte zum Konzept. Andere Arbeiten des als zurückhaltend geltenden Künstlers beschäftigen sich mit der Geschichte. Seine beiden letzten Werke für die Hansestadt waren eine Sandsteinstele und eine Sandsteinstatue an der Stadthalle und wichen von seinem bisherigen Stil ab.

Adresse Wandreliefs in der Langen Straße, in der Bertolt-Brecht-Straße 17 und 21, in der Mecklenburger Allee, in der Strindbergstraße 15–25, in der Fridtjof-Nansen-Straße 1–5 und in der Knud-Rasmussen-Straße 9–12, 18106 Rostock | Anfahrt über die B 103 Richtung Warnemünde, Sonnenblumen linker Hand | Tipp Auch am Fünfgiebelhaus am Universitätsplatz hat sich Dietrichs verewigt. Hier sind seine Terrakottafiguren – Greiff, Katze, Eule und Frau am Fenster – zu sehen.

107 Die Werfthalle

Lädt jetzt zum Einkauf ein

Es ist schon eigenartig, mit dem Auto in die riesige Halle zu fahren. Ein wenig fühlt man sich wie der zarte Jonas im riesigen Maul des Wals. In den einstigen Gebäuden der Neptun Werft sind nebeneinander ein Einkaufszentrum und ein Parkplatz entstanden. Früher wurden hier riesige Schiffe gefertigt. Oben an der Decke hängen noch Gerätschaften der Werft. Eine Gondel sieht aus, als würde sie sich im nächsten Augenblick in Bewegung setzen und auf die andere Hallenseite fahren, um Schiffsbauteile abzuladen. Während der Sanierung wurde Wert darauf gelegt, die ursprüngliche Industriearchitektur zu bewahren. Auch die Fassade wurde nach historischer Vorlage saniert und mit roten Klinkern verkleidet. Die Rostocker befanden zur Eröffnung: Da ist was Großartiges draus geworden.

Das Schicksal der Neptun Werft ist eng mit der Geschichte Rostocks verbunden. Bereits 1850 gegründet, entwickelte sie sich zur Großwerft und durchlebte über die Jahre eine wechselvolle Geschichte. Während des Zweiten Weltkriegs produzierte sie gemeinsam mit den Heinkelwerken vor allem Güter für die Rüstungsindustrie. 1953 wurde sie zum Volkseigenen Betrieb, kurz VEB, umgewandelt. Zur Zeit der Wende arbeiteten hier an die 7.000 Menschen. Heute lebt die Neptun Werft in stark abgespeckter Form in Warnemünde fort. In Rostock blieben Relikte der Großwerft. Auf dem Gelände in Richtung Warnow entstanden moderne Neubauten – Wohnen mit Blick auf den Fluss.

In das Einkaufszentrum zog 2008 eine ganze Reihe von Geschäften. Das Dach ist nach oben hin geöffnet, damit man die Kräne unter der Decke noch sehen kann. Durch die seitlichen Fenster tritt Tageslicht für die Läden ein – so wie damals für die Schiffsbauer. Dort, wo man das Einkaufszentrum betritt, ist unten im Fußboden jeweils das große Logo der Neptun Werft zu erkennen: Es soll an den ersten in Deutschland gebauten Schraubendampfer erinnern.

Adresse Werftstraße 50, 18057 Rostock | ÖPNV mit der Straßenbahn 1 von der Station Steintor IHK bis Maßmannstraße | Öffnungszeiten Mo–Sa 8–20 Uhr | Tipp Auf der anderen Straßenseite, in der Werftstraße 5, steht das ehemalige Verwaltungsgebäude der Neptun Werft. In dem von Paul Korff entworfenen Gebäude befindet sich heute die Europäische Fachhochschule.

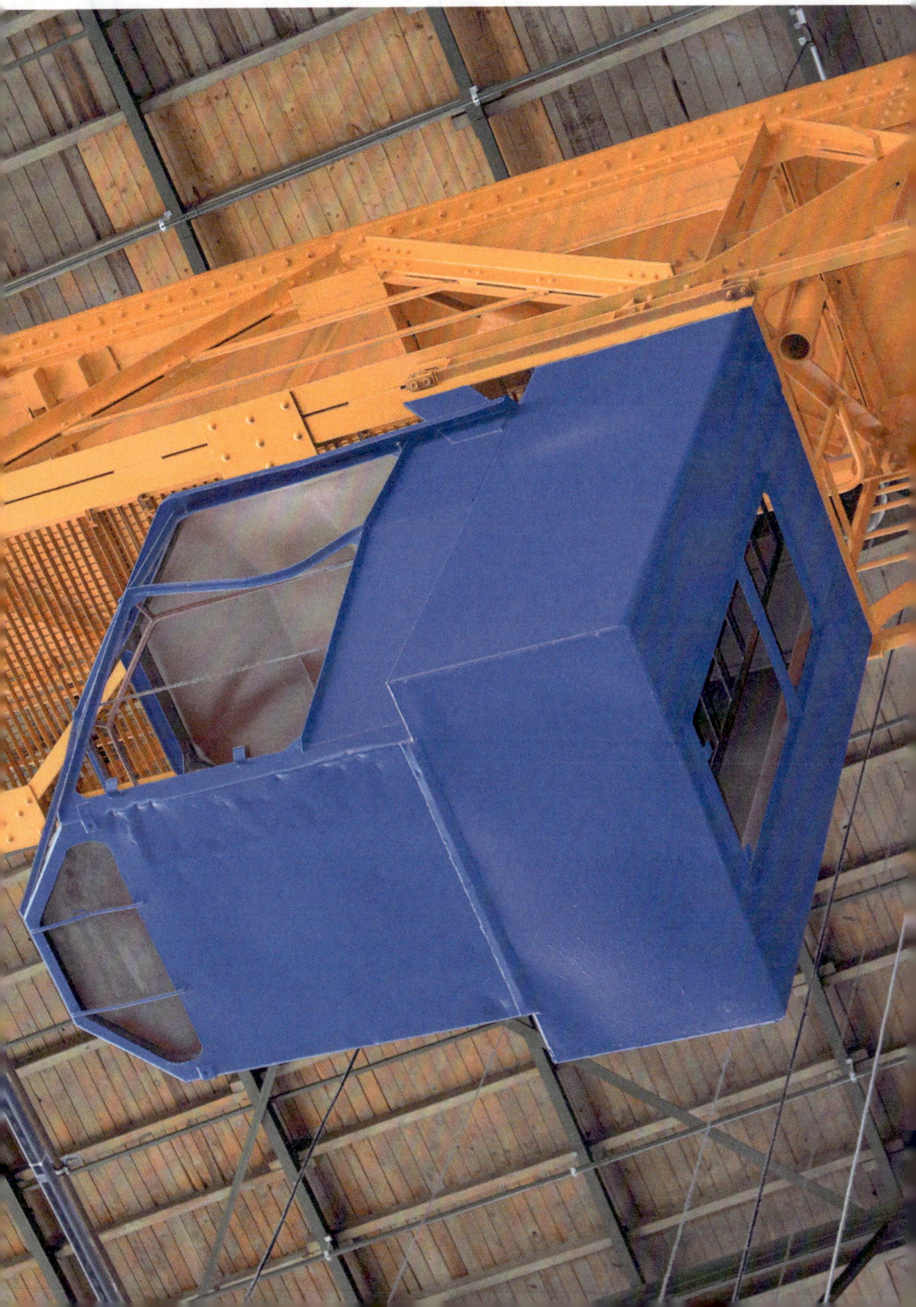

108_Die Westmole

Freiheit, Wind und Wellen

Bei rauer See spritzt einem hier die Gischt der Ostsee bis ins Gesicht. Dann ist wasserfeste Kleidung ratsam. Schließlich macht es Spaß, das Tosen hautnah zu erleben. Und Angst ist gänzlich unbegründet. Die gut befestigte Westmole schützt schon seit Jahrhunderten als Wellenbrecher vor den stürmischen Wassermassen. Ein Spaziergang auf die Molen gehört in Warnemünde seit jeher zum Pflichtprogramm. Auf der Ostmole sendet das rot-weiße Leuchtfeuer seine Signale aus, die grün-weiße Leuchtbake auf der Westmole mit ihren zwölf Meter Höhe steht seit 1998 an diesem Platz. 541 Meter weit ragt die Mole ins Meer hinein. Steht man hier, scheinen die Fischkutter und Segelboote nicht mehr ganz so fern. Und während der Hanse-Sail wimmelt es nur so von Menschen, die möglichst nah dran sein wollen am Geschehen.

Zu DDR-Zeiten war die Westmole für viele Menschen ein Ort der Sehnsucht. Die Schiffe, die hier regelmäßig in Richtung Dänemark ablegten, weckten die Sehnsucht nach Freiheit. Schließlich konnten DDR-Bürger die Fähren nicht betreten, dies war nur den Dänen erlaubt. Bis 1989 endete an der Spitze der Westmole die Deutsche Demokratische Republik, Blicke wanderten von hier aus in die unerreichbare Ferne. Die Grenze war unsichtbar und dennoch präsent. Im gar nicht weit entfernt liegenden Boltenhagen war es verboten, sich zwischen Sonnenunter- und Sonnenaufgang am Strand aufzuhalten. Schließlich waren es von hier nur 30 Kilometer bis nach Schleswig-Holstein, und viele kamen bei der Flucht über das Meer ums Leben. Grenzsoldaten patrouillierten in den Dünen. Paddel- oder Schlauchboote waren an der Ostsee höchst verdächtig, hätte man mit ihnen doch versuchen können, das nahe Dänemark zu erreichen.

Das ist lange her. Heute spaziert man über die Westmole, riecht das Meer, spürt den Wind auf der Haut und atmet die gesunde Seeluft tief ein. Grenzenlose Freiheit.

Adresse Westmole, 18119 Warnemünde | Anfahrt auf der B 103 bis Warnemünde, dort zu Fuß über Alexandrinenstraße Richtung Ostsee | Öffnungszeiten immer zugänglich | Tipp Das schwarz-weiße Molenfeuer, das bis 1985 auf der Westmole leuchtete, steht heute auf dem Gelände der IGA.

109 Der Wiener Platz

Idyllisch wohnen in Reutershagen

Die Geschichte der Heinkelwerke wirft in Rostock lange, meist dunkle Schatten. Die Bebauung des hübschen Wiener Platzes aber ist eine erfreuliche Reminiszenz. Einige Straßen hier tragen die Namen österreichischer Städte. Das liegt daran, dass dieses Viertel einst »Ostmärkisches Viertel« hieß und damit an den Anschluss Österreichs an das Deutsche Reich im Jahr 1938 erinnern sollte. Bis 1942 wurde Österreich als Ostmark bezeichnet. Für die vielen Arbeitskräfte, die die Heinkelwerke für ihre Rüstungsindustrie benötigten, wurde fleißig neuer Wohnraum errichtet, und Reutershagen wuchs. Ab 1937 entstand so das Komponistenviertel, 1939 dann das Viertel um den Wiener Platz, beide in der seinerzeit typischen Backsteinbauweise.

Am Wiener Platz geht es beschaulich zu. In seiner Mitte liegt eine Grünanlage. Praktisch für die Anwohner, aber fürs Auge nicht so reizvoll ist der Parkplatz, der viel Raum einnimmt. Im Sommer blühen üppige Rosen in den Vorgärten der Backsteinhäuser. Schweifgiebel krönen die Fassaden. Der Wohlfühlfaktor im Viertel ist hoch. Zum Schwanenteich und zur Kunsthalle ist es nah, Einkaufsmöglichkeiten sind schnell zu erreichen. Der Platz hat eine besondere Ausstrahlung, wirkt in sich geschlossen und vermittelt seinen Anwohnern Geborgenheit.

Den eigentlichen Ursprung Reutershagens bildet der Druwappelplatz. Seinen Namen hat er einer alten Apfelsorte zu verdanken, die in Mecklenburg früher viel gegessen wurde. Die Äpfel heißen auch Drüwken oder Traubenäpfel, »Druwappel« wurden sie von Fritz Reuter getauft. Seit Jahren kämpfen die Reutershagener darum, diesen Platz, dessen Bebauung geplant ist, zu erhalten. Auch wenn der Ort seit Langem seine Funktion als Mittelpunkt des Viertels verloren hat, will man ihn hier nicht missen und engagiert sich für seine Neugestaltung. Am Wiener Platz ist von Bedrohung nichts zu spüren, am idyllischen Aussehen dieses Ortes wird sich so bald nichts ändern.

Adresse Wiener Platz, 18069 Rostock | Anfahrt von der Doberaner Straße links in Lübecker Straße abbiegen, Schildern in Richtung Kunsthalle folgen, dort links in Grazer Straße und wieder links in Kantstraße | Tipp Am Wiener Platz 8 liegt ein schöner Concept Store namens Stuv by Krikadu nebst Werkstatt. Dort wird Selbstgemachtes angeboten, außerdem werden regelmäßig Workshops veranstaltet.

110 Die Windmühlenhäuser

Gute Aussicht in Lütten Klein

In den 80er Jahren lebten hier weit über 30.000 Menschen, rund die Hälfte davon waren Kinder und Jugendliche. Kindergärten, Schulen, Ärztehaus und Kaufhalle waren gleich um die Ecke. Zum Strand hatte man es auch nicht weit. Gleich zu Beginn wurden etliche Grünflächen angelegt, Bäume und Büsche wurden gepflanzt, sodass Lütten Klein als grünstes Neubaugebiet Rostocks galt.

Die Windmühlenhäuser, die als Wahrzeichen des Ortsteils gelten, müsste man eigentlich aus der Vogelperspektive betrachten. Dann erst ist zu erkennen, wie sie zu ihrem Namen kamen. Von oben betrachtet erinnert ihre Form nämlich an ein Windmühlenrad. Die Wohnungen dieser Gebäude sind so angeordnet, dass mit wenigen Ausnahmen alle Räume nach Osten, Süden oder Westen weisen. Im Kern liegt der von der Gemeinschaft genutzte Bereich mit Aufzügen, Müll- und Abstellräumen. Auch in der Rostocker Innenstadt steht so ein Haus, das mit 79 Metern bis heute als höchstes Haus Mecklenburg-Vorpommerns gilt. Weil hier zu DDR-Zeiten gerade am Anfang vorwiegend Mitarbeiter des benachbarten Ministeriums für Staatssicherheit wohnten, nannte man es auch »Stasi-Hochhaus«.

Die Großprojekte in Lütten Klein und anderswo sollten für eine gewisse Vereinheitlichung der Lebensweise sorgen. Größe oder Schnitt der Wohnungen waren überall gleich. Auch in Westdeutschland gab es eine ganze Reihe solcher Großwohnsiedlungen, wie die Neue Vahr in Bremen oder Gropiusstadt in Berlin, die gerade zu Beginn vorwiegend von der Mittelschicht bewohnt wurden. Schon bald bevorzugte diese aber das Leben im Reihen- oder Einfamilienhaus.

Die Bewohner von Lütten Klein hatten nach der Wende häufig damit zu kämpfen, dass ihr Leben im Plattenbau plötzlich als minderwertig galt und extrem an Prestige verlor. Viele sind dennoch Lütten Kleiner geblieben – aus Überzeugung. Ob Wohnscheibe oder Windmühlenhaus, hier ist ihr Zuhause.

Adresse Rigaer Straße 11–13, Ahlbecker Straße 8, 18107 Rostock | **Anfahrt** über die B 103 bis Lütten Klein, dort über die B 105 auf Warnowallee, dann rechts in St. Petersburger Straße und links in Rigaer Straße | **Tipp** Die Bierbar »Riga« existiert bereits seit 1978 – ein Lütten Kleiner Treff mit echtem Lokalkolorit.

111 WohnArt

Mitten zwischen sozialistischer Architektur

Unzählige Straßen sollten umbenannt werden, Ernst-Thälmann-Straßen und -Denkmäler blieben jedoch erhalten, obwohl der ehemalige Vorsitzende der Kommunistischen Partei schon zu Lebzeiten umstritten war. Die Ernst-Thälmann-Straße in Reutershagen ist ein perfektes Beispiel für die sozialistische Architektur, die nach dem Zweiten Weltkrieg in diversen ostdeutschen Städten entstand. Auf der Grundlage der »16 Grundsätze des Städtebaus« wurden Wohnungen und Gebäude im Stil des Sozialistischen Klassizismus gebaut. So ist ein Spaziergang durch die Ernst-Thälmann-Straße wie ein Wandeln durch die Zeit. Gewaltig, kühl, verloren und einsam wirken die Häuser, die dennoch bewohnt sind. Dies war das erste neue Wohngebiet in Rostock nach dem Krieg, und bei seinem Bau war man dem sowjetischen Vorbild gefolgt. 1.800 Wohnungen für 6.000 Einwohner wurden in Reutershagen I (bald folgte Reutershagen II) geschaffen. Ein Denkmal für Ernst Thälmann gib es hier auch – zuweilen ist es mit einem Kranz geschmückt. Die DDR-Regierung hielt jahrzehntelang sein Erbe hoch, und noch immer ist dieser Gegner der Demokratie hier angesehen.

Mitten in dieser monumentalen Architektur hat 2020 eine Kunsthistorikerin, die vor Jahren aus München nach Rostock gezogen ist, ihren Laden »WohnArt« eröffnet. Und dieser ist ein Muss für Sammler, vor allem für solche, die altes Geschirr lieben. Die Inhaberin Monika Kästner kennt quasi jede Tasse in ihrem Laden persönlich, sie weiß alles über ihre Ware, nennt Serien und Hersteller und hat diverse Schätze in ihren Schränken versteckt. Auch Möbel, Schmuck, Vasen, Bilder, Taschen, Kunsthandwerk und andere Wohnaccessoires sind bei WohnArt zu finden. In jedem Fall gibt es hier ein spezielles Warenangebot. Die Gegend gehört zwar nicht zu den frequentiertesten der Stadt, aber der Weg hierher lohnt sich. Die Beratung ist äußerst kompetent und freundlich.

Adresse Ernst-Thälmann-Straße 22, 18069 Rostock, Tel. 01577/1750412 | Anfahrt der L 22 Richtung Warnemünde folgen, von der Hamburger Straße links in Goerdelerstraße, dann 3. Straße links in Ernst-Thälmann-Straße | Tipp In der Walter-Stöcker-Straße 28 bis 35 befindet sich der sogenannte »Bandladen« – eine architektonisch eigenwillige Ladenstraße.

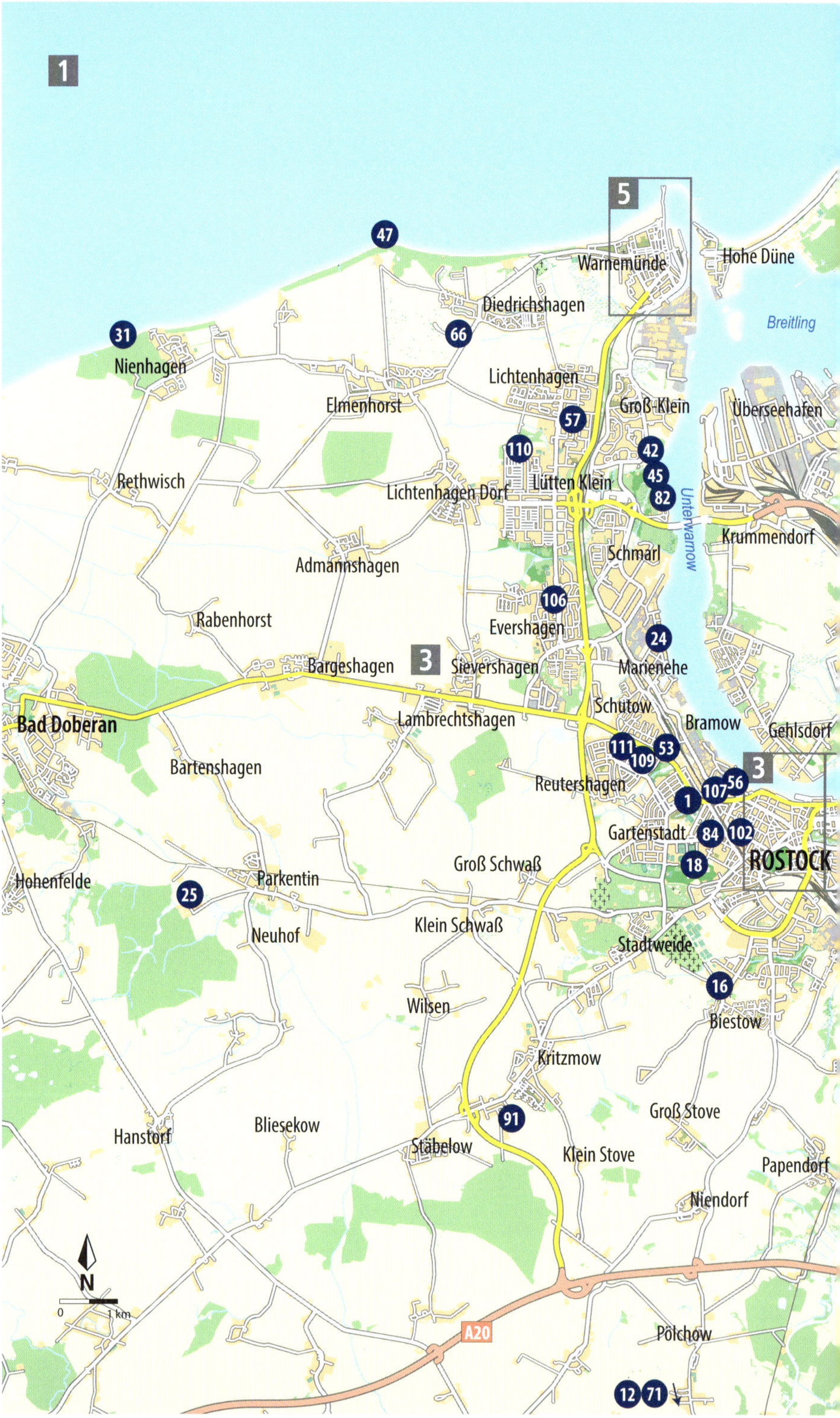
1
5
3
3
Warnemünde
Hohe Düne
Breitling
Diedrichshagen
Nienhagen
Lichtenhagen
Elmenhorst
Groß Klein
Überseehafen
Rethwisch
Lichtenhagen Dorf
Lütten Klein
Unterwarnow
Krummendorf
Schmarl
Admannshagen
Evershagen
Rabenhorst
Marienehe
Bargeshagen
Sievershagen
Schutow
Bramow
Gehlsdorf
Bad Doberan
Lambrechtshagen
Bartenshagen
Reutershagen
Gartenstadt
ROSTOCK
Groß Schwaß
Hohenfelde
Parkentin
Neuhof
Klein Schwaß
Stadtweide
Wilsen
Biestow
Kritzmow
Groß Stove
Hanstorf
Bliesekow
Stäbelow
Klein Stove
Papendorf
Niendorf
Pölchow
A20
N
0
1 km
47
31
66
57
110
42
45
82
106
24
111
109
53
107
56
1
84
102
18
25
16
91
12
71

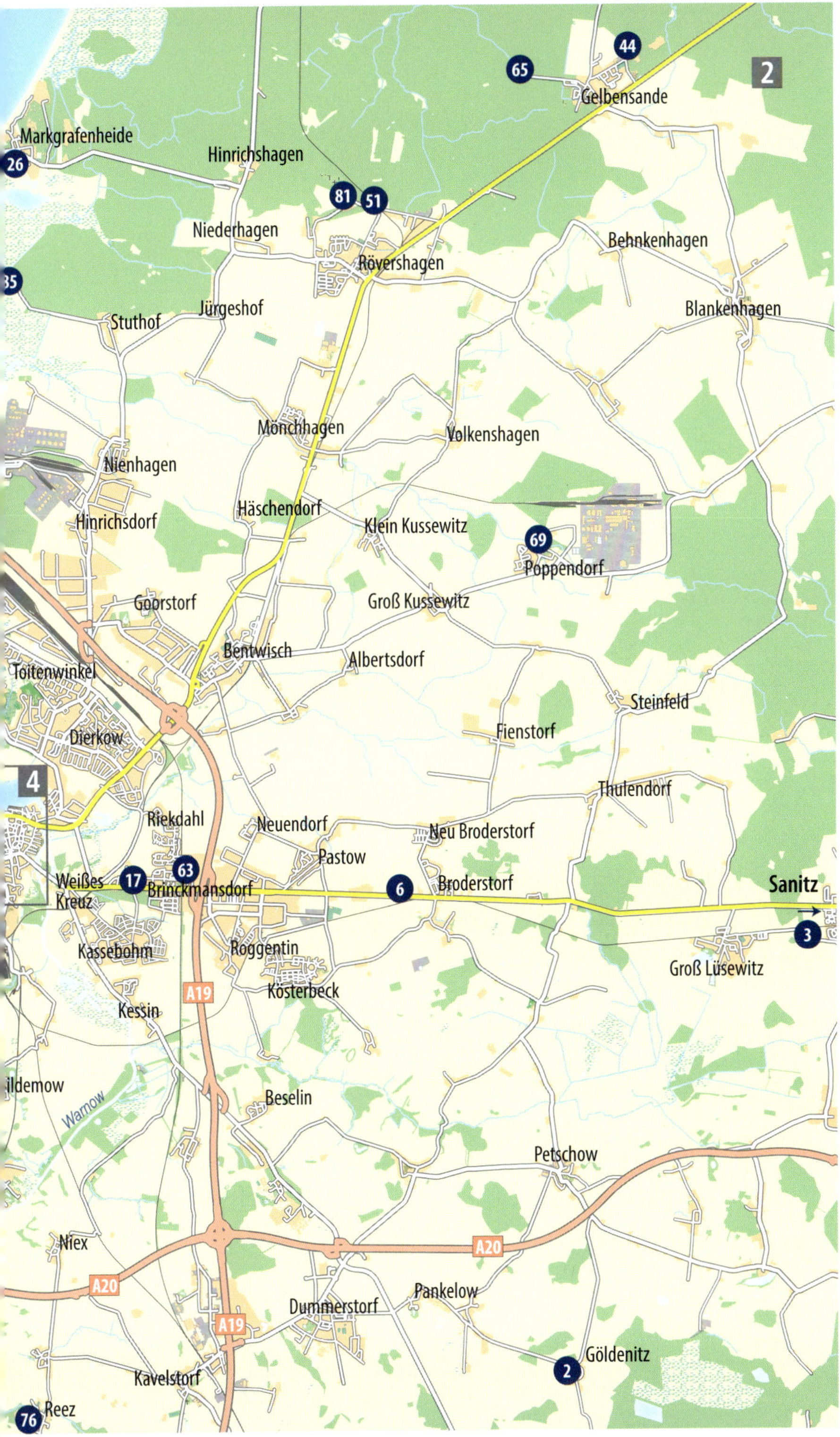

2
44
65
Gelbensande
Markgrafenheide
26
Hinrichshagen
81
51
Niederhagen
Rövershagen
Behnkenhagen
35
Blankenhagen
Jürgeshof
Stuthof
Mönchhagen
Volkenshagen
Nienhagen
Häschendorf
Klein Kussewitz
Hinrichsdorf
69
Poppendorf
Goorstorf
Groß Kussewitz
Bentwisch
Albertsdorf
Toitenwinkel
Steinfeld
Dierkow
Fienstorf
4
Thulendorf
Riekdahl
Neuendorf
Neu Broderstorf
Pastow
63
Weißes Kreuz
17
Brinckmansdorf
6
Broderstorf
Sanitz
3
Kassebohm
Roggentin
Groß Lüsewitz
Kösterbeck
A19
Kessin
Beselin
Warnow
Petschow
Niex
A20
A20
Pankelow
Dummerstorf
A19
Göldenitz
2
Kavelstorf
Reez
76

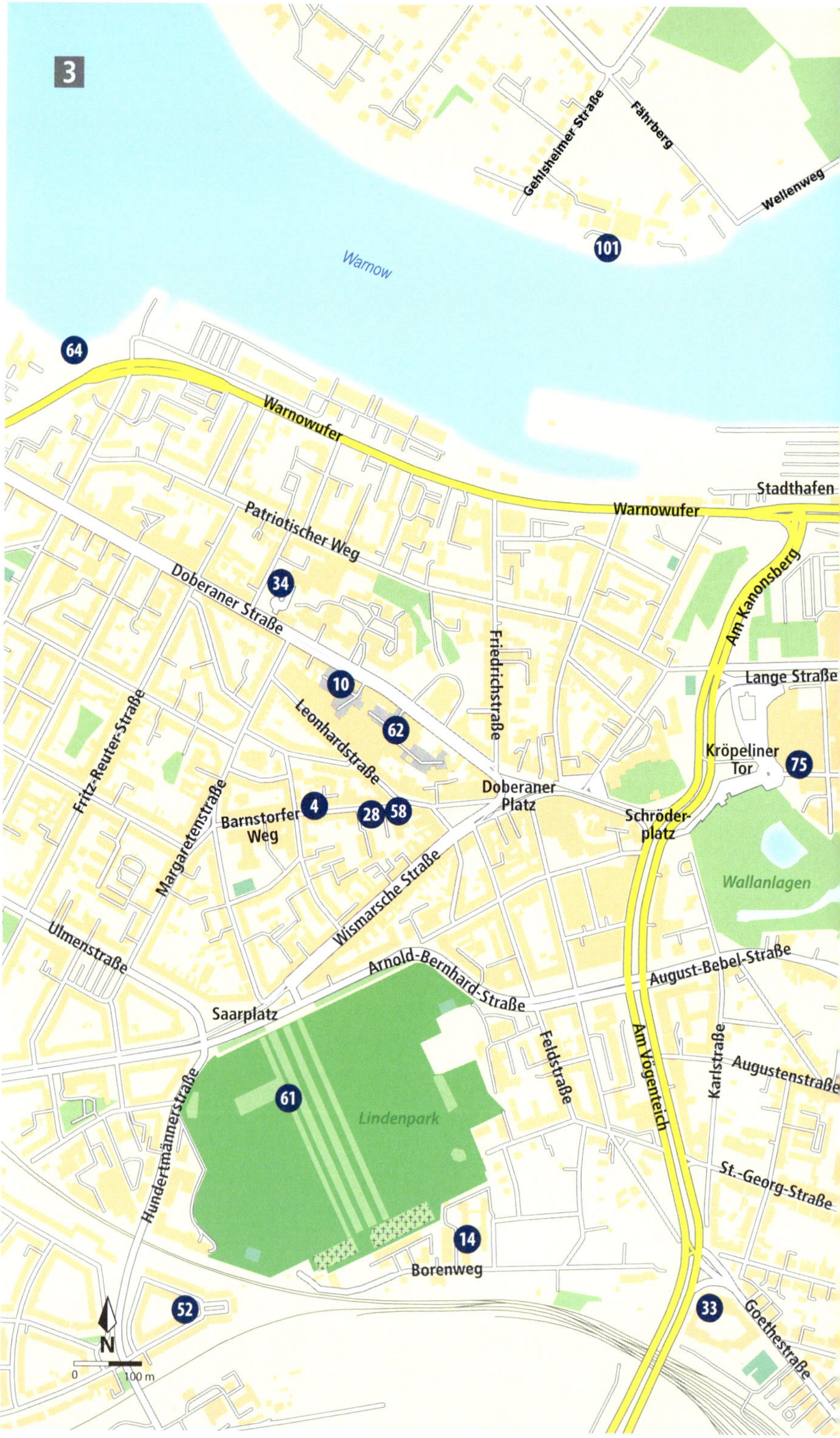
3
Gehlsheimer Straße
Fährberg
Wellenweg
101
Warnow
64
Warnowufer
Stadthafen
Warnowufer
Patriotischer Weg
34
Doberaner Straße
Am Kanonsberg
Friedrichstraße
Lange Straße
10
Leonhardstraße
62
Fritz-Reuter-Straße
Kröpeliner Tor
75
Margaretenstraße
Doberaner Platz
4
28
58
Barnstorfer Weg
Schröderplatz
Wismarsche Straße
Wallanlagen
Ulmenstraße
Arnold-Bernhard-Straße
August-Bebel-Straße
Saarplatz
Feldstraße
Am Vögenteich
Karlstraße
Augustenstraße
Hundertmännerstraße
61
Lindenpark
St.-Georg-Straße
14
Borenweg
52
33
Goethestraße
N
0
100 m

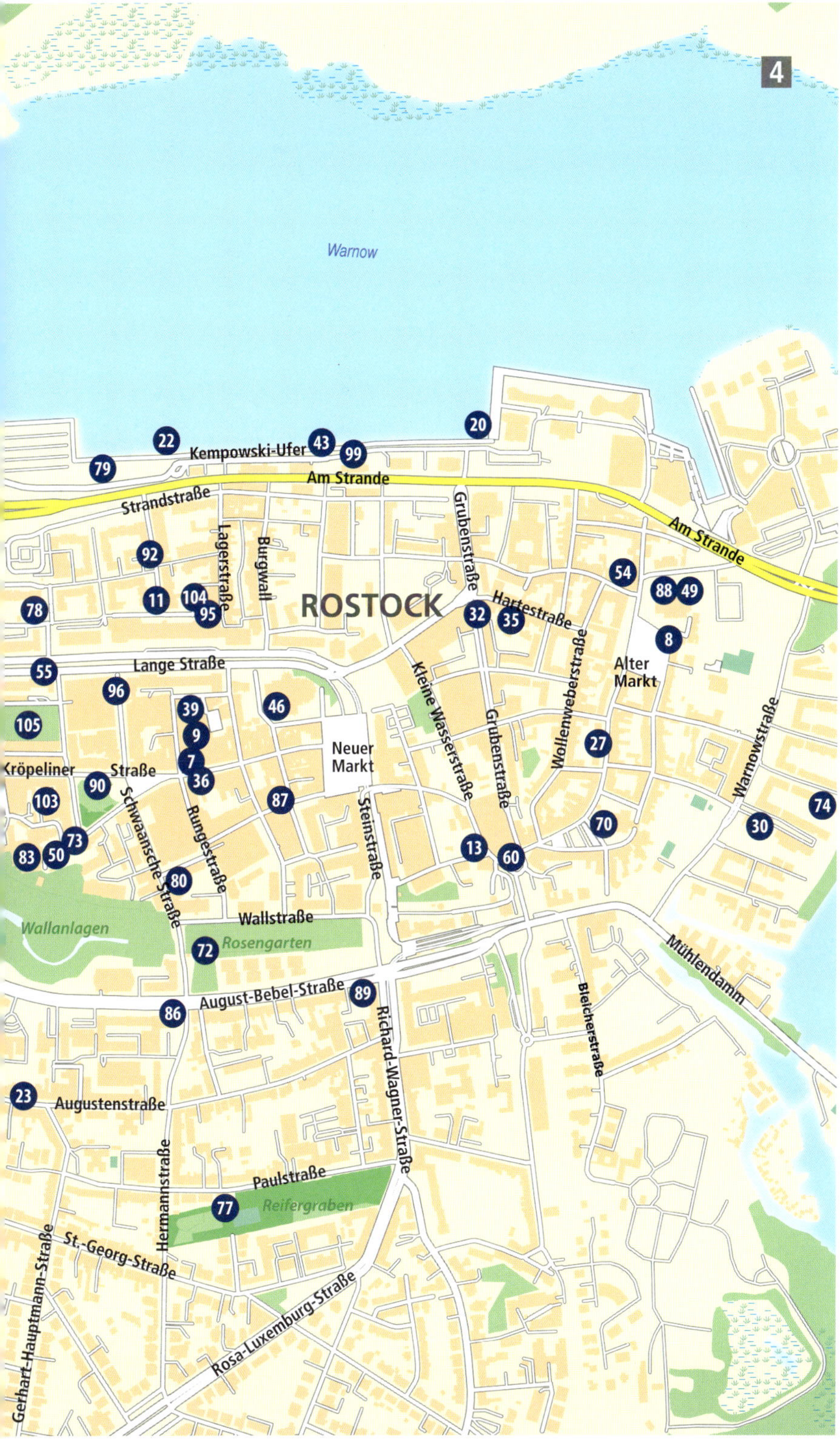
4
Warnow
ROSTOCK
Kempowski-Ufer
Am Strande
Strandstraße
Lagerstraße
Burgwall
Grubenstraße
Hartestraße
Wollenweberstraße
Alter Markt
Lange Straße
Neuer Markt
Kleine Wasserstraße
Kröpeliner Straße
Schwaansche Straße
Rungestraße
Steinstraße
Warnowstraße
Wallstraße
Wallanlagen
Rosengarten
Mühlendamm
August-Bebel-Straße
Richard-Wagner-Straße
Bleicherstraße
Augustenstraße
Hermannstraße
Paulstraße
Reifergraben
St.-Georg-Straße
Rosa-Luxemburg-Straße
Gerhart-Hauptmann-Straße
22
79
43
99
20
92
11
104
95
78
32
35
54
88
49
8
55
96
39
46
9
105
7
36
90
103
87
27
74
70
30
73
83
50
80
13
60
72
89
86
23
77

5
108
97
15
94
100
Seekanal
21
Seepromenade
38
Heinrich-Heine-Straße
Alexandrinenstraße
Friedrich-Franz-Straße
Am Strom
Am Bahnhof
41
59
68
Alter Strom
Kurpark
40
98
Stephan-Jantzen-Park
67
37
29
Mühlenstraße
Poststraße
Fritz-Reuter-Straße
Am Bahnhof
48
Am Strom
Richard-Wagner-Straße
WARNEMÜNDE
Alte Bahnhofstraße
5
Rostocker Straße
Zum Zollamt
Werftallee
19
93
N
0
100 m

Dorothee Fleischmann,
Carolina Kalvelage
111 Orte an der Costa Brava, die man gesehen haben muss
ISBN 978-3-95451-561-5

Dorothee Fleischmann,
Carolina Kalvelage
111 Orte in Budapest, die man gesehen haben muss
ISBN 978-3-7408-0877-8

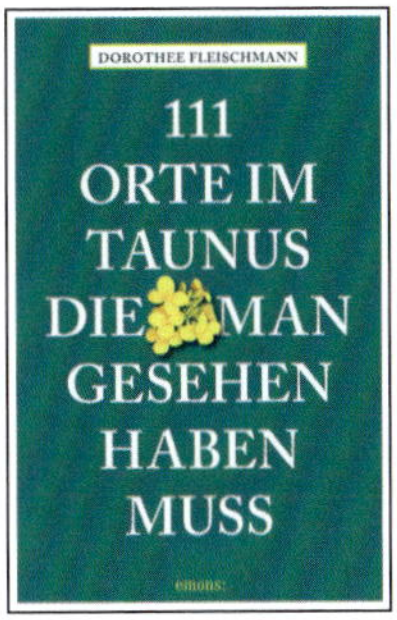

Dorothee Fleischmann
111 Orte im Taunus, die man gesehen haben muss
ISBN 978-3-7408-0727-6

Dorothee Fleischmann,
Carolina Kalvelage
111 Orte im Weserbergland, die man gesehen haben muss
ISBN 978-3-7408-0341-4

Sina Beerwald
111 Orte auf Sylt, die man gesehen haben muss
ISBN 978-3-95451-511-0

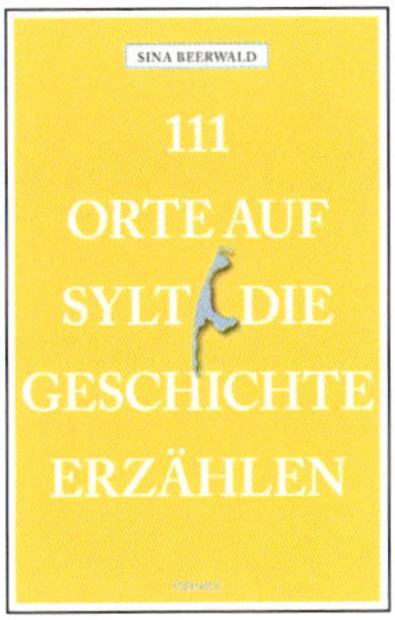

Sina Beerwald
111 Orte auf Sylt, die Geschichte erzählen
ISBN 978-3-7408-0726-9

Sina Beerwald
22 Touren auf Sylt, die man gemacht haben muss
ISBN 978-3-7408-0734-4

Jela Henning, Jens Hinrichsen
111 Orte in und um Flensburg, die man gesehen haben muss
ISBN 978-3-7408-0241-7

Jochen Reiss
111 Orte in Kiel, die man gesehen haben muss
ISBN 978-3-95451-705-3

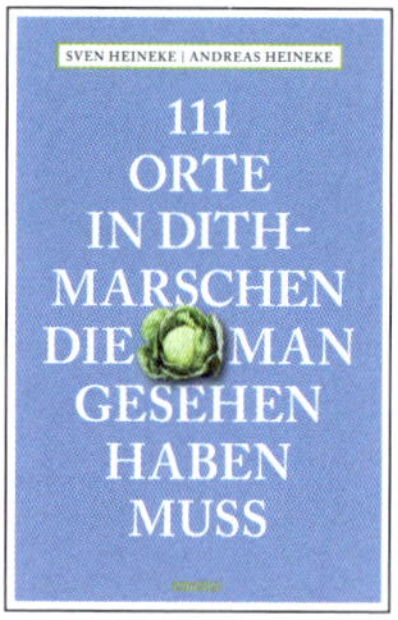

Sven Heineke, Andreas Heineke
111 Orte in Dithmarschen, die man gesehen haben muss
ISBN 978-3-7408-0854-9

Jochen Reiss
111 Orte in Nordfriesland, die man gesehen haben muss
ISBN 978-3-95451-627-8

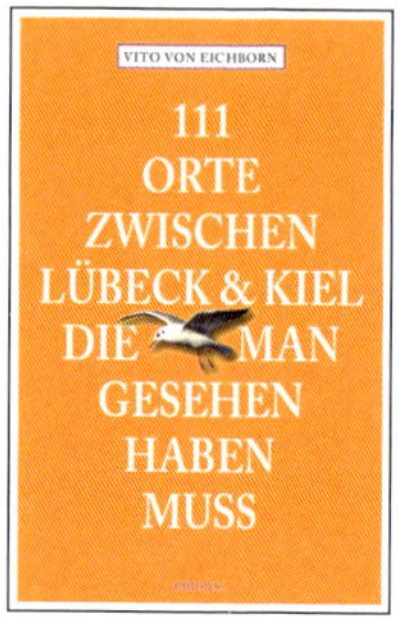

Vito von Eichborn
111 Orte zwischen Lübeck und Kiel, die man gesehen haben muss
ISBN 978-3-95451-339-0

Jana Jürß
111 Orte an der Mecklenburgischen Seenplatte, die man gesehen haben muss
ISBN 978-3-95451-536-3

Alexandra Schlennstedt, Jobst Schlennstedt
111 Orte in Lübeck, die man gesehen haben muss
ISBN 978-3-95451-564-6

Alexandra Schlennstedt, Jobst Schlennstedt
111 Orte an der Ostseeküste, die man gesehen haben muss
ISBN 978-3-7408-1096-2

Annett Rensing
111 Hamburger Meisterwerke, die man gesehen haben muss
ISBN 978-3-7408-0987-4

Jochen Reiss
111 Orte im Alten Land, die man gesehen haben muss
ISBN 978-3-7408-0810-5

Stefanie Sohr, Volko Lienhardt
111 Orte auf St. Pauli, die man gesehen haben muss
ISBN 978-3-7408-0685-9

Jochen Reiss
111 Orte rund um Hamburg, die man gesehen haben muss
ISBN 978-3-7408-0564-7

Rike Wolf
111 Orte in Hamburg, die uns Geschichte erzählen
ISBN 978-3-95451-418-2

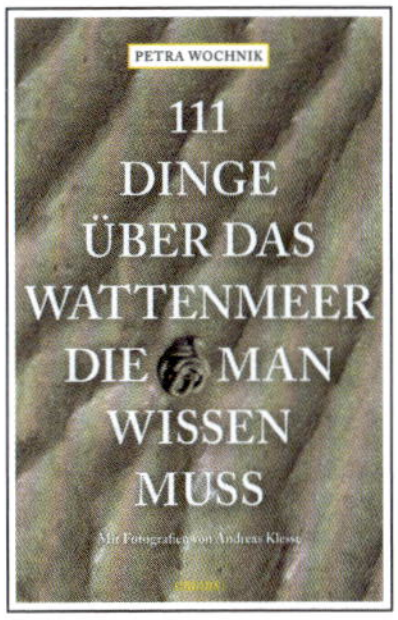

Petra Wochnik, Andreas Klesse
111 Dinge über das Wattenmeer, die man wissen muss
ISBN 978-3-7408-1081-8

Bernd Flessner
111 Orte auf Juist, die man gesehen haben muss
ISBN 978-3-7408-0548-7

Ingo Stock
111 Orte auf Spiekeroog, die man gesehen haben muss
ISBN 978-3-7408-0339-1

Norbert Ney, Sonja Bergot
111 Orte in Ostfriesland, die man gesehen haben muss
ISBN 978-3-95451-828-9

Lust auf mehr? Laden Sie sich die »LChoice«-App runter, scannen Sie den QR-Code und bestellen Sie weitere Bücher direkt in Ihrer Buchhandlung.

LChoice

Hier bestellen

Dorothee Fleischmann arbeitet als Autorin. Sie hat für Literaturbeilagen, Reiseportale und Reiseführer geschrieben und macht Pressearbeit. Mit ihrem Mann und ihren zwei Kindern lebt sie in Berlin.

Carolina Kalvelage hat als Mediengestalterin gearbeitet, bis es sie gemeinsam mit ihrer Partnerin in die Welt hinauszog. Inzwischen lebt sie in Berlin.